T0204183

BERNARDO STAMATEAS es licenciado en Psicología y en Teología, terapeuta familiar y sexólogo clínico. Miembro de la Sociedad Argentina de Sexualidad Humana, ha impartido conferencias en distintos lugares del mundo. Sus primeros libros, *Gente tóxica, Emociones tóxicas* y *Heridas emocionales*, lo han convertido en un fenómeno internacional en el campo de la autoayuda.

www.stamateas.com

Títulos publicados

Gente tóxica
Emociones tóxicas
Heridas emocionales
No me maltrates
Quiero un cambio
Resultados extraordinarios
Más gente tóxica
¡Puedo superarme!
Fracasos exitosos
Nudos mentales
Tu fuerza interior
Calma emocional
Soluciones prácticas
Intoxicados por la fe
Liderazgo exitoso

Primera edición en B de Bolsillo: junio de 2018
Sexta reimpresión: febrero de 2023

© 2012, Bernardo Stamateas
© 2013, 2014, Penguin Random House Grupo Editorial, S. A. U.
Travessera de Gràcia, 47-49. 08021 Barcelona
Diseño de cubierta: Penguin Random House Grupo Editorial, S. A. U
Fotografía de cubierta: © Getty Images

Impreso en Colombia / *Printed in Colombia*

ISBN: 978-84-9070-594-0
Depósito legal: B-6.594-2018

No me maltrates

BERNARDO STAMATEAS

*A quienes todos los días
usan sus palabras
para construir
y bendecir a los demás*

ÍNDICE

AGRADECIMIENTOS

A todo el equipo de trabajo que hizo posible este libro —Silvia, Cristina, Karina y Silvana— mi mayor gratitud. Al doctor Juan Carlos Kusnetzoff, gracias por el apoyo y la generosidad de siempre.

INTRODUCCIÓN

En todos los ámbitos en los cuales nos desarrollamos, el maltrato está creciendo, la forma de tratarnos y de relacionarnos unos con otros es cada vez más agresiva, impulsiva. Por eso, todos necesitamos aprender a expresar de una manera positiva la frustración, el enojo, la ira, la impulsividad que por diversos motivos aún no han sido sanados en nuestro interior.

Si bien el maltrato que una persona produce o recibe no se resuelve con solo leer un libro sino buscando ayuda profesional, hay herramientas que pueden ser útiles para encarar el tema.

Las técnicas que describo en este libro son técnicas asertivas conocidas en todo el mundo, puestas en práctica porque funcionan. Nos sanamos hablando y cuando en nuestro interior hay un verdadero deseo de relacionarnos mejor con nuestros seres queridos, nuestro entorno y nosotros mismos. Una persona que muestra empatía por los demás y sabe relacionarse con el mundo está mucho más cerca de hacer realidad cada uno de los sueños que se ha propuesto alcanzar. Espero que tú seas una de ellas.

Nos vemos en la cima.

BERNARDO STAMATEAS
www.stamateas.com

1

EL MALTRATO VERBAL

1. LOS GOLPES INVISIBLES

Podemos definir el maltrato verbal como un ataque, una estrategia que el maltratador pondrá en práctica a través de sus palabras, de sus dichos, para controlarnos y mostrar el poder que tiene sobre nuestra vida.

Aunque su manera de reaccionar sea ocasional, necesitamos distinguir si es producto de una situación casual o en su mente hay un plan, una estrategia a largo plazo, un objetivo mayor que se ha propuesto cumplir sin que le importe el «daño colateral», es decir, lo que destruya a su paso.

El maltratador sabe que la palabra tiene poder. Sabe que no solo puede lastimar a la otra persona dándole un golpe, sino a través de las palabras. El golpe es un hecho visto por todos, pero el ataque verbal de quien te agrede, ya sea ocasionalmente o con frecuencia, con la intención de que adoptes su verdad como tu verdad, deja moretones emocionales invisibles.

Ante un maltratador hay que estar en permanente alerta

porque el ataque puede llegar en cualquier momento. Al principio, esta clase de persona suele parecer sincera y esbozar una sonrisa. Es importante recordar que el conflicto físico empieza siempre por el verbal. Se agrede primero con las palabras y luego con las manos.

2. PSICÓPATAS, NARCISISTAS Y NEURÓTICOS

Muchas personas utilizan el maltrato emocional, el abuso psicológico, la agresión psíquica, la violencia verbal, la tortura mental, el terrorismo íntimo, la manipulación emocional —todas ellas formas de violencia invisible— para alcanzar lo que se han propuesto conquistar o tener bajo su dominio.

Hay personas que usan el maltrato encubierto como un modo de vida y subsistencia. Entre estos tipos de personalidad los más frecuentes son: el narcisista, el psicópata y el neurótico.

Un *narcisista* es una persona que se dice: «Yo soy único y especial, quiero un trato diferente y único.» Para él, por supuesto, los otros no son únicos ni especiales. Esta clase de persona sufre un gran ataque de envidia cada vez que a ti te va bien, padece cada vez que te observa y comprueba que has llegado al objetivo que te habías propuesto alcanzar.

El *psicópata* «cosifica» al otro, lo considera un mero objeto descartable. Lo usará mientras sirva a sus fines, y luego lo descartará sin remordimiento y sin ninguna culpa.

También podemos encontrarnos con el *neurótico*, aquel que tratará de manipularnos a través de la culpa. La agresión de esta clase de personas no deja marcas físicas pero sí cicatrices invisibles, moretones afectivos y un gran dolor en la vida de aquellos a quienes se ha propuesto manipular.

Todos estos hechos son de suma importancia. Tenemos que ser conscientes del problema cuando estamos ante ese tipo de persona, porque el fenómeno de la violencia encubierta crece de forma increíble, casi podríamos decir que de modo incontrolable. Es cada vez más frecuente que las personas den a conocer rasgos de una personalidad psicópata y narcisista. Esta es una realidad con la que topamos en todos los ámbitos de la actividad humana en los que establecemos relaciones personales.

3. LOS PSICÓPATAS

En el recorrido de la vida, nos encontramos con todo tipo de personas: buenas y malas, esperanzadas y abatidas, felices y desdichadas.

Hay personas que pueden sumar a nuestra vida, que pueden ser un estímulo que nos impulsa a ir siempre por más. También nos encontramos con los «tóxicos», que son aquellos que en lugar de darte una mano te la niegan, personas a quienes les molesta tu bienestar y éxito.

Y entre los tóxicos existe una categoría que día a día va en aumento: los psicópatas, personas sin ética, que alcanzan su objetivo «caiga quien caiga» en el camino. En un primer momento suelen ser seductores, amables, corteses, pero al cabo de un tiempo, sus «psicopateadas», su modo de actuar, son cada vez más evidentes y peligrosas.

Por eso, ante ellos, ¡hay que estar alerta! La mejor forma de detectarlos es conocer su forma de actuar, su mente, sus estrategias, para evitar que sus acciones repercutan en nuestras vidas de modo irreparable. Comencemos entonces por definir qué es «psicopatear».

Psicopatear es un argentinismo. Es una palabra que solemos usar cuando sabemos que otra persona intenta manipularnos y sacar ventaja de la situación en que se encuentra, a cualquier precio, sin escrúpulos.

Justamente una de las características esenciales del psicópata es la virtud, «para él», y la desventaja enorme, «para las otras personas», de ver a los otros no como personas, o sea, con la jerarquía y el respeto que debe tener una persona, sino como objetos, como cosas que él puede usar para su placer, en su beneficio. El psicópata tiene como materia prima de trabajo a las personas, sobre todo a la mente de las personas, y las considera objetos, no se siente responsable de las acciones psicopáticas que ejerce sobre los otros.*

Las «psicopateadas» ya son parte «habitual» de la vida cotidiana. Las encontramos en todos los ámbitos que frecuentamos y en los medios de comunicación de los cuales recibimos información diariamente. Sin que seamos conscientes, muchas veces se acumulan, nos van «llenando» hasta tal punto que, producto de esa acumulación, generan una sensibilidad e irritabilidad que termina desestabilizando nuestras emociones.

Para el psicópata, el otro es un elemento utilitario que se usa y descarta. Por eso estas personas no muestran empatía, no pueden sentir, y esa forma de vivir los convierte en seres crueles.

Un cónyuge potencialmente violento y, más aún, un individuo especialmente manipulador, sabrá detectar en

* http://www.marietan.com/material_psicopatia/entrevista_mirol_2010.html

el otro el defecto o la vulnerabilidad que permitirá el «enganche» [...] en el inicio de un proceso de dominio.*

Un psicópata no es necesariamente una persona capaz de cometer un crimen. Puede ser cualquiera de las personas que nos rodean, incluso las que pertenecen a nuestro círculo más íntimo, amigos, maestros, hasta nuestra propia pareja. Son aquellas personas que mediante su conducta verbal nos manipulan tratando de obtener lo que tienen en mente; y pueden hacerlo de manera ocasional o constantemente. Hay que tener en cuenta que el psicópata es una persona perseverante, que no ceja en su empeño de actuar de acuerdo con conductas que decide poner en práctica para lograr sus objetivos.

La frustración es su talón de Aquiles, su punto vulnerable. Cuando el psicópata diseña una acción y esa acción no puede cumplirse, por cualquier circunstancia, entonces sufre una descompensación, y ahí se descontrola totalmente.**

4. UNA ESTRATEGIA LENTA Y PROGRESIVA

Si bien al comienzo de una relación personal difícilmente somos conscientes de que estamos ante un maltratador, a medida que transcurre el tiempo empezamos a ver que algo raro está pasando, que algo «anda mal». A esa altura de la relación comenzamos a sentir física y emocionalmente las consecuencias de tolerar el maltrato.

* Marie France Hirigoyen, *El acoso moral*, Paidós, Barcelona, 2001.
** http://www.marietan.com/material_psicopatia/entrevista_mi rol_2010.html.

Sentimos una pérdida de energía, un malestar espiritual, emociones que nos generan rechazo hacia aquella persona que en un principio era única e inigualable. Comenzamos a darnos cuenta de sus insultos, sus descalificaciones, porque a medida que pasa el tiempo y la relación se va afianzando, el maltrato es mucho más ostensible. Llega un momento en que el maltratador ya no tiene reparo ni cuidado: sus insultos, sus descalificaciones, son evidentes. Sin embargo, quien es maltratado no toma conciencia de la situación hasta mucho tiempo después, y entonces piensa:

«¿Cómo es posible que ese príncipe azul de quien me enamoré sea un psicópata que me maltrata?»

«¿Cómo puede ser que ese jefe tan seductor sea un maltratador?»

«Y pensar que ese amigo que daba la vida por mí solo quería sacar ventaja estando conmigo...»

Cuando descubrimos que fuimos víctimas de maltrato nuestra estima queda afectada. La máscara del maltratador cae y podemos advertir su proceder. Entonces nos decimos:

«¿Cómo no me di cuenta?»

«¡Qué tonto fui!»

«¿Qué me pasó?»

Y cuando por fin podemos ver todas esas situaciones alarmantes, la manipulación a la que fuimos sometidos, al dolor que nos causa descubrir a la verdadera persona se suma la rabia contra nosotros mismos por haber sido tan crédulos, tan ingenuos, y no habernos dado cuenta de lo que estaba pasando.

A los cuatro o cinco años, los niños aprenden a utilizar

insultos o a burlarse como forma de poder social. En muchos casos continúan ejerciendo ese poder a lo largo del tiempo, en distintos lugares, en el aula o en el patio de la escuela, en la cafetería, en los pasillos, en los medios de transporte y, más recientemente, en las pantallas de los ordenadores y en los teléfonos móviles.

La violencia se aprende, no es algo innato, no empieza repentinamente sino que se va instalando poco a poco en las relaciones desiguales, es una forma de ejercer el poder mediante el empleo de la fuerza, por eso nos encontramos con mujeres que han tardado años en darse cuenta que están viviendo una situación de maltrato (máxime si este es psicológico, social o sexual).*

Como dijimos, no solo una mente criminal puede «psicopatearnos», ¡también puede hacerlo un niño de cuatro años! Ante semejante situación nos preguntamos: «¿Cómo puede ser?, ¿cómo es posible que lo haga tan bien?» El hecho es que cuando se establece como medio «habitual», como un único sistema de comunicación, esta forma de actuar formará parte de la «cultura familiar» y definirá la manera en que los miembros de la familia se relacionan. Lo peor y lo más grave es que este comportamiento se normaliza, se vuelve invisible y dejamos de percibirlo como una conducta que no es «sana».

---

* Consuelo Ruiz-Jarabo Quemada y Pilar Blanco Prieto, *La violencia contra las mujeres: prevención y detección*, Ediciones Díaz de Santos, Madrid, 2004.

5. ¡ALERTA! MALTRATADOR A LA VISTA

Sin duda, cuando una persona sufre maltrato físico se puede afirmar que casi siempre sufre también un gran daño psicológico. Y el maltrato verbal suele ser un primer paso, el que precede a la agresión física. La violencia verbal es la forma más fácil de rebajar al otro y hacerle sentir que es «nada». Y en muchas ocasiones va acompañada de otras formas de maltrato: sexual, físico, económico, etcétera.

El daño que produce el maltrato verbal puede afectar distintas áreas de nuestra persona:

- *Área emocional.* El maltratador sabe que eres vulnerable y cómo manipular tus emociones, sabe cómo lograr que te enojes o te sientas triste. Pero en otras ocasiones va mucho más allá, su finalidad es hacerte perder el equilibrio emocional. Su objetivo es desestabilizarte y para lograrlo calcula cuidadosamente cada uno de sus movimientos. Te observará para saber si logró lo que se proponía y si consigue desestabilizarte hará que reacciones y actúes a través de tus emociones, sin pensar claramente lo que te conviene hacer, o no.

- *Área de la conducta.* En esta área, el maltratador tratará de destruir tu voluntad, tu autoestima. Te atacará para que le des lo que está buscando y persiguiendo, intentará incluso que para satisfacerlo dejes de hacer aquello que estás esperando tenga resultados.

- *Área espiritual.* El maltratador tratará de apartarte de lo trascendente, de tus sueños, de tu paz interior. Si lo logra, habrá cumplido su objetivo: desenfocarte de tus sueños.

Descalificar, gritar, insultar, es parte del folclore del maltratador. También la manipulación y el engaño. Es un gran «showman», atrae la atención de quienes lo rodean gracias a su forma de hablar y a sus «ideas».

Pero debemos tener claro que en nuestra vida nadie debe ser la imagen en quien queremos vernos reflejados. No debemos imitar a otros pensando que son mejores, que tienen todo lo que siempre quisimos tener. Exaltar a otro, tomarlo como un modelo que debemos seguir, nos empequeñece. Comenzamos a sentir miedo de no ser aceptados y valorados, nos volvemos dependientes de su aprobación.

Si siento que ya no soy yo, si empiezo a anular mis decisiones, estas conductas son una afirmación de que el maltratador ha logrado su cometido: el sometimiento a su persona.

6. LA VÍCTIMA: SU TROFEO

La víctima es elegida por el maltratador. Es un cazador que tiene muy claro a quién elegir de presa. Sabe adónde dirigirse y cómo tiene que relacionarse con ella. Sabe cuál es el blanco, por eso sabe adónde apuntar la flecha.

La víctima posee ciertos rasgos personales, actitudes, un estilo de vida, carisma, simpatía, empatía, éxito. Todas las características que el maltratador envidia y por las que siente celos.

Las víctimas de maltrato psicológico pueden clasificarse en tres grupos.*

* M. Castro, y J. Sánchez Ríos, «Técnicas gerenciales efectivas para reducir el maltrato psicológico, los problemas, sus consecuencias y la violencia en el trabajo», revista *OIKOS,* año 13, n.º 27, Universidad Católica Silva Henríquez, Santiago de Chile, junio de 2009.

1. Personas brillantes, atractivas y algo seductoras y, por lo tanto, también envidiables y consideradas peligrosas o amenazadoras por el agresor, ya que teme perder su protagonismo.
2. Personas vulnerables o depresivas. Personas que por miedo al rechazo temen poner límites, decir «no». Son blanco fácil del agresor, que descarga sobre ellas sus propias frustraciones.
3. Personas seguras de sí mismas, eficaces y trabajadoras que ponen en cuestión lo establecido y pretenden imponer reformas, las cuales son identificadas por el agresor como un peligro o amenaza a su estatus. Suele tratarse de personas con un elevado sentido de la ética y alta capacitación profesional, que gozan de gran popularidad.

Cuando la víctima logra poner fin a la situación, suele ocurrir que el maltratador —que «no se da cuenta» de lo sucedido durante largo tiempo— se sorprende de la decisión que el otro toma, se siente «abandonado». En ese caso «puede adoptar el papel de víctima y sentirse con todo derecho a defenderse, ya sea atacando manifiestamente o a través de la culpa y la manipulación».*

Pero la persona a quien dirige estas acciones debe tener en cuenta que:

Si quieres ser feliz, tienes que ver la manipulación de la culpa como la criatura que es. Cuando veas que se avecina una manipulación culposa, defínela como manipu-

* Camila Salgado, *El desafío de construir una relación de pareja. Una decisión diaria, un cambio permanente*, Norma, Bogotá, 2003.

lación culposa y luego encárala como tal. [...] Una vez que asumas el control de tu vida y dejes de permitir que las personas usen la culpa para controlarte, serás una persona más feliz.*

7. RADIOGRAFÍA DEL MALTRATADOR VERBAL

El maltratador tiene:
Un cebo: la palabra que te dice, lo que te duele.
Un objetivo: sentir y probarse a sí mismo que tiene poder sobre ti.
Una estrategia: sabe cuándo y cómo agredir para que hagas lo que quiere que hagas o sientas lo que quiere que sientas.

Y para lograr su objetivo puede adoptar diferentes estilos:
Abierto. Es directo, claro, expresa abiertamente el insulto y la descalificación hacia la otra persona.
Encubierto. Lo hace subrepticiamente, disimulando los dos objetivos que todo maltratador persigue: el poder y el control. Se tomará todo el tiempo del mundo para lograr su objetivo y establecer el vínculo necesario que le permita ingresar en tu círculo más íntimo. Es como el ladrón que pasa tiempo estudiando a su próxima víctima, o como el león que examina sigilosamente a su presa para luego, cuando sabe que la tiene acorralada, rugir y mostrarle así su poder.

Algunos hablan con serenidad, pero sus palabras, aquello que ponen en su boca, destrozan tus emociones: son los pasivo-agresivos. Otros son abiertamente agresivos: te gri-

* Terry Hampton y Ronnie Harper, *99 maneras de ser más felices cada día*, San Pablo, Bogotá, 2010.

tan e insultan para que dejes de ser tú mismo y ya no sepas qué actitud es la mejor en tu vida.

Otra característica de estas personas que deben tenerse en cuenta es que ellos trabajan con las dos manos: la derecha (lo que dice) y la izquierda (lo que hace). ¿Qué quiero decir con esto? Que la mano derecha tratará de desviar tu mirada para que no veas lo que está poniendo en marcha con su mano izquierda. Por ejemplo: dirá una cosa pero hará otra. Podremos ver una mano pero no la otra.

Por eso:

El maltrato no es solo lo que oímos, sino lo que vemos a través de su conducta.

Dicho de otro modo: *las relaciones personales sanas, por ambas partes, tienen que estar fundadas en hechos y no en palabras.*

En una ocasión, un joven estudiante dijo que quería hacerme una entrevista. Le dije que no disponía de tiempo. Ignorando esta respuesta, el joven me mandó por e-mail cinco preguntas y me dijo: «De acuerdo, mándame las respuestas por correo», dando por hecho que yo lo haría.

¿Qué significa esto? No importa lo que digas a aquel que está decidido a lograr su objetivo, él seguirá adelante caiga quien caiga en el camino, y hará todo lo que esté a su alcance para que sientas que tú también estás comprometido con su meta.

> Puedes no estar interesado en la guerra, pero la guerra está interesada en ti.
>
> León Tolstói

¿Cuál es el objetivo del maltratador emocional, del que te insulta, te descalifica, te ignora?

Sin importar que sea una persona cercana, un compañero del trabajo, un familiar, un amigo, etcétera, o que lo haga de manera ocasional o habitual, consciente o inconsciente mente, la persona que te insulta, te descalifica, se burla de ti, no reconoce tus méritos, te compara con otros, te ignora, te controla, etcétera, lo hace con el único objetivo de darte ese mensaje: «Tengo poder sobre ti.»

Este tipo de personas no puede posponer sus deseos, necesita una gratificación inmediata, y como tiene un enorme vacío interior, se aburre, siente hastío por la vida, puede recurrir al alcohol o a las drogas, por ejemplo, para buscar la sexualidad perversa, para recuperar un placer o una vivencia momentánea que lo saque de ese vacío social o de ese vacío interior que siente. Tiene lo que se llama «personalidad de acción», no puede medir las consecuencias de sus acciones, no puede evaluar si sus decisiones lastimarán a un tercero o no. Por ello, recurrir a la humillación y a la descalificación es moneda corriente en su forma de relacionarse con los otros. Te dirá: «¿Quién te va a querer a ti?», «Sin mí, tú no sirves para nada.»

La mentira es para estas personas un arma, una estrategia maravillosa, y aun cuando son descubiertas no la abandonan, por el contrario, la perfeccionan para que sigas cayendo en sus trampas manipuladoras.

En la mayoría de los casos, el maltratador es una persona que en su interior siente que ha fracasado, y no solo eso, sino que posee una imagen negativa de sí mismo que disfraza con una aparente seguridad. Es una persona que no admite el maltrato que ejerce, no es consciente de sí mismo, del daño que produce en su entorno más cercano y en las relaciones interpersonales en general. Por el contrario, «niega» su modo de actuar.

El maltratador tiene grandes dificultades para poder expresar sus sentimientos y emociones: sus relaciones no están basadas en dar y recibir afecto. Tampoco reconoce, comprende o muestra interés por las emociones de los otros. En general está permanentemente a la defensiva con respecto a lo que considera sus derechos. Posee una gran dificultad para controlar sus impulsos y reacciones, y no tiene la capacidad de reflexión necesaria para considerar sus propios sentimientos y las consecuencias que su conducta produce en su vida afectiva y en su entorno familiar. Él «tiene la razón» y con esto le alcanza y le sobra.

Estas son algunas características sobresalientes de este tipo de persona:

- Es muy rígido en todos los aspectos de su vida.
- Le cuesta mucho reconocer sus errores.
- Tiene sentimientos de insuficiencia.
- No acepta los desafíos porque se siente en desventaja.
- Tiene una actitud negativa ante la vida.
- No se muestra satisfecho con la vida, sus sentimientos son siempre de derrota, negativos, nunca son positivos.
- Utiliza su agresividad para conseguir sus objetivos.

El maltratador querrá llenarte de sentimientos de inutilidad, desvalorización y culpa. Y aunque por momentos aparente mostrar empatía, no olvides: ¡es un maltratador!

8. ¿QUÉ TÉCNICAS USA EL MALTRATADOR?

Las técnicas de los maltratadores son varias. En el cuadro siguiente se muestran los tipos de maltrato que puede recibir la persona elegida como víctima:*

---

1. Desvalorización
1. Ridiculizar
2. Descalificar
3. Trivializar
4. Oponerse
5. Despreciar

---

2. Hostilidad
1. Hacer reproches
2. Insultar
3. Amenazar

---

3. Mostrar indiferencia
1. Mostrar falta de empatía y no apoyar
2. Monopolizar la situación o atención de los demás

---

4. Intimidación
1. Juzgar, criticar, corregir, etcétera.
2. Adoptar posturas y hacer gestos amenazadores
3. Tener conductas destructivas

---

* Karin Taverniers, «Abuso emocional en parejas heterosexuales», *Revista Argentina de Sexualidad Humana*, 15(1), Galerna, Buenos Aires, 2001.

5. Imposición
1. Bloquear socialmente
2. Dar órdenes
3. Desviar
4. Insistencia abusiva
5. Invasión de la privacidad
6. Sabotear

6. Culpabilizar
1. Acusar
2. *Gaslighting* (abusar psicológicamente del otro)*
3. Negar / desmentir

7. Bondad aparente
1. Manipular la realidad

James Garbarino, investigador estadounidense dedicado al tema del maltrato emocional, distingue cuatro modalidades:**

1. Rechazar
2. Aterrorizar
3. Aislar
4. Ignorar

---

* El *gaslighting* es una forma de intimidación o acoso psicológico en la cual se da a la víctima información falsa para hacer que dude de sus propios recuerdos o percepciones.
** James Garbarino y otros, *The Psycologically Battered Child*, Jossey Bass, San Francisco, 1986.

En estos cuatro casos, para que se pueda hablar de maltrato emocional es necesario que las conductas se presenten con persistencia y habitualmente, y que sean acciones claramente perceptibles.

El maltratador elige cada palabra que dice. Y más que las palabras, la forma en que las dice. El tono que usa al hablarte deja claro que se trata de un ataque. Por ejemplo, puede preguntar: «¿Por qué llegas tarde?»

Esta es una pregunta que no deja lugar a dudas, te cuestiona y afirma que llegas tarde. Toda palabra está cargada de subjetividad. ¿Qué significa esto?

Veamos. En su libro *Los límites del amor*,* Walter Riso explica que el amor no es una cuestión de cantidad (cuánto nos aman) sino de calidad (cómo nos aman).

El maltratador dice que te ama, por eso necesita que cambies y hagas lo que él desea, solo eso está bien. Y como solo él sabe qué es lo mejor y lo correcto, pondrá en acción todas sus manipulaciones para que sigas creyendo que «él sabe y quiere lo mejor para mí, mientras que yo no lo sé».

¿Qué hace entonces el maltratador para que la «psicopateada» se perpetúe?

- Te perdona.
- Te comprende.
- Te escucha.
- Quiere que seas su amigo.
- Te corrige.
- Te «hace pensar».
- Te hace llorar.

* Walter Riso, *Los límites del amor*, Norma, Bogotá, 2006.

9. ¿CÓMO RESPONDEMOS AL MALTRATO?

La persona víctima del maltrato debe tener ciertas características y conducirse de forma equivocada para que ese tratamiento pueda perpetuarse:

- Se adapta a la realidad que le toca vivir. Se acomoda a ella.
- Padece trastornos de ansiedad que, por ejemplo, pueden llevarlo a tartamudear.
- Se somete.
- Se enfrenta física o verbalmente.
- Busca aliados para combatir al otro en grupo.
- Sufre en silencio.
- Se aísla de todos.
- Trata de agradar y caer simpático en determinadas situaciones.
- Obedece lo que le dicen.
- Cree lo que dicen.
- Traga su rabia y luego implora, explota o desplaza hacia otros la indignación acumulada.
- Suele asustarse.
- En algunas ocasiones es prepotente.

¿Te reconoces en alguna de estas reacciones? ¿Cuál es tu manera típica de reaccionar ante el maltrato encubierto?

Si puedes identificarla, debes saber que también puedes elegir a quién está a tu lado. Todavía estás a tiempo. Víctor Frankl escribía: «Nuestra mayor libertad es la libertad de elegir nuestra actitud.» A lo que podemos agregar: «Y a aquellas personas que estarán cerca en nuestra vida.»

10. SER ASERTIVOS

La palabra asertividad proviene del verbo latino *assertus* y significa: «afirmar».

Como vimos hasta aquí, cualquier persona desde muy temprana edad puede «psicopatearnos». La gente tóxica lo hace como un estilo de vida. Los maltratadores manifiestan un gran aire de superioridad, que en realidad enmascara un profundo dolor y su baja autoestima. Por eso, tenemos que estar lo más lejos posible de ellos.

En verdad, en la mayoría de los casos, las situaciones de maltrato resultan difíciles de controlar. Hay personas a las cuales la burla no les afecta, logran ignorarla, pero no así la crítica que su jefe, un amigo, o una persona de su familia pueda hacerles. No todos los días podemos ser asertivos, tal vez un día lo consigamos y al siguiente, no. Una persona que es muy capaz en un área determinada, puede ser asertiva en esta y vulnerable y sensible en otra.

Entendemos como «asertiva» a la persona que logra poner en palabras el enojo. Es decir, que puede transformar una emoción para resolver el obstáculo que aparece. El enojo es una emoción positiva, de protección, pero tenemos que aprender a dirigir esa energía para resolver el problema y no para atacar a la persona que tenemos delante. No siempre es fácil, pero necesitamos con urgencia enseñar a nuestros hijos y a las nuevas generaciones cómo poner el enojo en palabras.

Si una persona nos grita, nos golpea con su fuerza física o sus palabras, ¿cómo sabe que está logrando su objetivo? Observa nuestra reacción. Y de acuerdo con la manera en que reaccionamos sabe si logró su objetivo o no. Ante su maltrato, podemos callar, tragarlo todo, sonreír o ponernos a llorar, lo cual indica nuestra «pasividad». También podemos enojarnos. Pero las dos reacciones demostrarán el poder que tiene sobre nosotros. Tanto si estás triste como si estás enojado, cualquiera de esas dos emociones revela el poder que ejerce sobre tu vida.

El maltratador no solo quiere sentir que tiene dominio, control o poder sobre ti y sobre tu vida, sino que espiritualmente quiere robar tu herencia, tus sueños, el propósito por el cual naciste.

Después de su actuación, el maltratador evaluará el resultado de sus actos. Si observa que te has vuelto pasivo —que te has tragado el enfado, que te has entristecido— o activo —que has explotado—, sentirá que ha triunfado.

Las respuestas ante el maltrato, como hemos visto, pueden ser variadas: querer agradar al maltratador, obedecer, llorar, insultar, burlarnos, ofendernos, callar y sufrir en silencio, buscar aliados para que nos consuelen, hacer frente al ataque, tragarnos la rabia. Pero todas son señales de que el maltratador ha ganado. Recuerda que su objetivo es «tener poder sobre ti».

Como todo en la vida, estas respuestas son las que determinan que el problema perdure en el tiempo, las que lo «alimentan», lo hacen más grande y de mayor importancia. Si esta es la forma de comportarnos, de relacionarnos que hemos aprendido, también podemos desaprenderla y comenzar a llenar nuestra mente de aquellas respuestas que nos llevan a tener relaciones sanas con resultados eficaces.

Tratar de ganar el pulso al acosador es perder el tiempo. Esta clase de personas juega a no aprobarte, a no valorarte como esperas. Por ese motivo te descalifica todo el tiempo, para que trates de hacer todo lo posible por ganar su aprobación. Pero tú, como yo, o cualquier otra persona, no necesitas ganarte la aprobación de nadie, ya fuiste aprobado desde antes de nacer. Gozas de la triple bendición. ¿Sabes a qué me refiero?

Dios me ha aprobado,
yo me he aprobado y la gente que me ama me ha aprobado,
no necesito la aprobación de nadie más.
¡Ya estoy aprobado!

2

LAS DESCALIFICACIONES

1. HAY MUCHAS MANERAS DE DESCALIFICAR

La descalificación es uno de los métodos que utilizan los maltratadores. Descalificar es la técnica preferida de los narcisistas, envidiosos, agresivos y desconfiados. Es una manera de decir: «Yo soy mejor que tú.» Consiste en considerar una experiencia o una característica positiva y rebajarla a algo neutro o negativo.

Quien te descalifica te tiene miedo, por eso te ataca. Su razonamiento emocional es: «Si eres más pequeño, yo soy más grande.» Como te considera interesante y se siente menos que tú, necesita empequeñecerte para que te sientas menos que él. ¡Ese es el objetivo oculto!

Pueden descalificar el esfuerzo, la belleza, el logro. Y pueden hacerlo de distintas maneras:

- *Devaluar tus logros.* Pueden apuntar hacia tus logros con la intención de anular, de borrar lo positivo. Veamos algunos ejemplos:

—Has conseguido trabajo, pero hay que ver si logras conservarlo.

—¡Qué bonita estás! ¿Has gastado mucho dinero para lucir así?

—Has aprobado el examen, ¡qué suerte has tenido!

Esta forma de proceder tiene efecto en personas con un clásico pensamiento depresivo, tristes, un razonamiento catastrófico que hace ver lo malo aun cuando las cosas que suceden son buenas. Si algo sale bien o el trabajo que llevaste a cabo es impecable, solo se limitarán a decir que es cuestión de suerte, que seguramente es «una buena racha y no durará mucho tiempo». Y si eso sucede, si la «profecía» se cumple, ya se sabe cuál es la respuesta: «Lo sabía, sabía que iba a suceder esto.»

- *Mandar dobles mensajes.* Cuando alguien empieza una frase diciendo «no», cuando niega lo que está por decir, lo que en verdad dice es lo que viene después del «no».

  —No lo digo para criticarte...

  —No quiero hacerte sentir mal...

  —No lo digo para que no pienses que te robé...

  —No lo digo porque te tenga envidia...

  —No te lo digo para que te enojes...

Cuando alguien te dice, «no te lo digo para que lo tomes a mal», ¡es para que lo tomes a mal!

- *Robar méritos.* Algunas personas se complacen en buscar defectos, se obsesionan en descubrir los errores de los demás y dejarlos al descubierto. Por ejemplo, si estás feliz porque conseguiste trabajo, dirá:

—Es que ahora hay más trabajo que antes.

¡Qué bien!, y fue gracias a él, que te lo consiguió.

El objetivo es desmerecerte, ignorar tu mérito, devaluar tus logros.

- *Utilizar el lenguaje gestual.* Por ejemplo, si le preguntan a un hombre: «¿Quieres a tu esposa?», él podría responder: «Sí, la amo.» Pero en su cara, en sus gestos, puede estar indicando que no es así. A veces, le preguntas a alguien: «¿Estás enojado?», y te responde: «¡No!», cuando su cara dice que «sí». A las palabras se agregan gestos. Mirar para otro lado, esbozar una sonrisa burlona, morderse los labios como diciendo «¡Qué tontería estás diciendo!», hacer muecas y dejar caer algún comentario despectivo, suspirar con expresión de disgusto, mover la cabeza de un lado a otro, son todos gestos claros de descalificación.

- *No dar su aprobación.* Cuando alguien descalifica, dando menos importancia al hecho, y dice cosas como «Sí, eres guapa..., pero no eres mi tipo», y al hacerlo pretende que nos ganemos su aprecio. Mucha gente se siente atraída por los descalificadores y entra en el juego de «si haces lo que yo quiero, te felicito».

- *Acusar falsamente.* Cuando alguien hace una falsa acusación su objetivo es tener bajo control a la persona acusada. Se puede acusar a un inocente de cualquier tipo de acción que no ha cometido —robar, abusar, mentir— para manipularlo, para dominarlo. También se lo puede calumniar, es decir, hacer correr una mentira sobre él para perjudicar su reputación y manchar su estima.

Algunas personas acusan injustamente a otros porque al hacerlo están proyectando en el otro sus propios conflictos, te responsabilizan de un problema que es suyo. ¿Cuántas veces acusamos a alguien y en realidad nos falta información, interpretamos mal las cosas que nos dijeron o no nos dijeron? Pero también hay gente a la que le encanta acusar con «mala intención», con el único objetivo de descalificar y tener poder sobre el perjudicado.

En realidad, puede decirse que la descalificación aparece en el discurso cuando los interlocutores no poseen una argumentación sólida para contrarrestar lo afirmado por el adversario dialéctico, de manera que la única forma de la que disponen para derribar la tesis de su rival es la emisión de una característica negativa relativa a su discurso, a su persona o al mismo acto de enunciar una tesis o idea. *

- *Burlarse.* La burla es una acción dirigida a desautorizar, a desacreditar. Se cuenta que a un abogado le hacían a menudo este chiste: «¿Cómo sabes que un abogado miente? Porque mueve los labios.» Un buen día, cansado de oírlo, él preparó tres o cuatro chistes peores para responder cuando fuera necesario. De ese modo, al que te maltrata, a quien quiere tener poder sobre ti, le estás diciendo: «No tienes poder, me burlo de tus burlas.»

Tenemos que empezar a reírnos un poquito más, a reírnos incluso de nuestros miedos. La risa es sanadora. En una

* Ester Brenes Peña, *Descortesía verbal y tertulia televisiva*, Peter Lang, Berna, 2011.

ocasión se hizo una investigación con ovejas, se colocaron
en un rincón del redil fotografías de gente seria, y en otro
rincón, fotos de gente sonriente: se comprobó que las ovejas
iban al lugar donde estaban las
fotos de personas que sonreían.

> Quien se burla de ti lo único que está haciendo es anunciar que en el área motivo de su burla, donde quiere mostrar poder, no lo tiene.

Cuando se burlen de ti, búrlate más de ti mismo. Invierte tus fuerzas en reírte. Un famoso jugador de básquet, Samuel Lee Horne, solía usar una camiseta con la inscripción: «No soy basquetbolista», que hacía reír a la gente. Es que cuando era niño, por ser muy alto, todos le preguntaban si jugaba al básquet. Su mamá le aconsejó: «Hijo, si no puedes contra ellos, únete a ellos.» Y le hizo una camiseta en la que, además, podía leerse: «Mido un metro noventa y dos. Gracias.» Cuando iba por la calle la gente lo miraba con curiosidad, pero él desde niño aprendió a reírse de sí mismo.

2. LOS MOTIVOS DEL DESCALIFICADOR

¿Qué hay en realidad detrás de la descalificación con que algunas personas maltratan a otras? Veamos:

- *Una proyección*
Pongamos atención a esta interesante historia de un señor que se creía crítico de arte.

Un señor se creía crítico de arte. Siempre estaba dispuesto a criticar cuanta obra de arte tuviera delante de sus ojos. Un día este señor se encontró con su esposa y sus amigos en la entrada de una galería de arte. Allí se dio cuenta de que había olvidado sus lentes en casa, pero no le dio importancia. Inmediatamente empezó a usar sus conocimientos para criticar todas las pinturas, hasta que llegó a una que, según podía ver, era un hombre de medio cuerpo. La criticó terriblemente, diciendo: «El marco es horrible, no va con esta obra, y la pintura es espantosa. ¿Cómo pudo ese artista retratar a un hombre tan sucio, vulgar y andrajoso?»

El señor siguió con sus comentarios hasta que su mujer lo llevó a un lugar apartado y le dijo suavemente: «Querido, estás ante un espejo.»*

• Una suposición

F. B. Meyer dijo que cuando vemos a otros pecar, hay tres cosas que no sabemos:

En primer lugar, no sabemos cuánto luchó esa persona por no pecar.

En segundo lugar, no sabemos cuánto poder tienen las fuerzas que atacaron a esa persona.

Por último, tampoco sabemos qué hubiéramos hecho nosotros en las mismas circunstancias.

Juzgar a los demás basándonos solamente en las acciones que se ven, muchas veces lleva a malinterpretar los hechos.**

Charles Swindoll, un pastor estadounidense, predicaba en un campamento. Cuando terminó la primera reunión se le acercó un hombre y le dijo:

—Pastor, quiero decirle que pedí a Dios que me permitiera estar aquí estos días y escucharlo en vivo.

* http://www.vivepiensa.blogspot.com.ar/2011/08/el-senor-que-se-creia-critico-de-arte.html
** http://www.dailyintheword.org/todays_devotion?page=849

—Bueno, gracias —respondió el pastor.

Por la tarde, mientras el pastor predicaba, el hombre se durmió. El pastor pensó: «¿Es posible? Me había dicho que había venido a escucharme... y se duerme.»

Lo mismo ocurrió los días siguientes. Al cuarto día el pastor se empezó a molestar y al finalizar el campamento se acercó al hombre y le dijo:

—Hermano, usted oró por...

—Sí, ¡agradezco haber podido escucharlo! Déjeme decirle que tengo cáncer, todo mi cuerpo está contaminado y sé que me voy con el Señor. Pero le pedí un regalo: poder estar aquí. Estoy muy medicado y eso hace que mi cuerpo esté débil —explicó el hombre, llorando—, para mí es un honor escucharlo mientras predica.

El pastor lo miró y pidió perdón al Señor.*

• **Un impulso**

Una noche, Juan regresaba a casa en su coche. En el camino vio a un joven que «hacía dedo» y se ofreció a llevarlo. Mientras viajaban comenzó a sospechar de su pasajero. Juan revisó el bolsillo de su abrigo, donde debía estar su billetera, ¡y no estaba allí! Entonces pisó los frenos de golpe, ordenó al joven que se bajara, y le dijo:

—¡Dame la billetera, ya mismo!

El chico, asustado, obedeció. Juan siguió su camino. Cuando llegó a casa, comenzó a contarle a su esposa lo sucedido. De pronto, ella lo interrumpió, para decirle:

—Antes de que se me olvide, Juan, ¿sabías que te habías dejado la billetera en casa esta mañana?**

---

* http://www.dailyintheword.org/todays_devotion?page=849
** http://www.obrerofiel.com/ilustracion-autoestopista-nuestro-pan-diario

• Una mala intención

Leamos la *Fábula de los ciegos* que, inspirado en Voltaire, escribió Hermann Hesse.

Durante los primeros años del hospital para ciegos, como se sabe, todos los internos detentaban los mismos derechos y sus pequeñas cuestiones se resolvían por mayoría simple, sacándolas a votación. Gracias al sentido del tacto sabían distinguir las monedas de cobre de las de plata, y nunca se dio el caso de que alguno de ellos confundiese el vino de Mosela con el de Borgoña. Tenían el olfato mucho más sensible que el de sus vecinos videntes. Acerca de los cuatro sentidos consiguieron establecer brillantes razonamientos, es decir que sabían de ellos cuanto hay que saber, y de esa manera vivían tranquilos y felices en la medida en que tal cosa sea posible para los ciegos.

Por desgracia sucedió entonces que uno de sus maestros manifestó la pretensión de saber algo concreto acerca del sentido de la vista, pronunció discursos, agitó cuanto pudo, ganó seguidores y por último consiguió hacerse nombrar principal del gremio de los ciegos. Daba cátedra sobre el mundo de los colores, y desde entonces todo empezó a salir mal.

Este primer dictador de los ciegos empezó por crear un círculo restringido de consejeros, mediante lo cual se adueñó de todas las limosnas. A partir de entonces nadie pudo oponérsele, y decidió que la indumentaria de todos los ciegos era blanca. Ellos lo creyeron y hablaban mucho de sus hermosas ropas blancas, aunque ninguno de ellos las llevaba de tal color. De modo que el mundo se burlaba de ellos, por lo que se quejaron al dictador. Este los recibió de muy mal talante, los trató de innovadores, de libertinos y de rebeldes que adoptaban las necias opiniones de las gentes que tenían vista. Eran rebeldes porque, caso inaudito, se atrevían a dudar de la infalibilidad de su jefe. Esta cuestión suscitó la aparición de dos partidos.

Para sosegar los ánimos, el sumo príncipe de los ciegos lanzó un nuevo edicto, que declaraba que la vestimenta de los ciegos era roja. Pero esto tampoco resultó ser cierto; ningún ciego llevaba prendas de color rojo. Las burlas crecieron y la comunidad de los ciegos estaba cada vez más quejosa. El jefe montó en cólera, y los demás también. La batalla duró largo tiempo y no hubo paz hasta que los ciegos tomaron la decisión de suspender todo juicio acerca de los colores.

Un sordo que leyó este cuento admitió que el error de los ciegos había consistido en atreverse a opinar sobre colores. Por su parte, sin embargo, siguió firmemente convencido de que los sordos eran las únicas personas autorizadas a opinar en materia de música.*

3. LOS QUE ACUSAN, CULPAN Y CALUMNIAN

El objetivo de un acusador es que te sientas culpable y termines mordiendo su anzuelo. Suele echar a correr un rumor diciendo que intenta que algo oculto salga a la luz, pero en general su intención no es buena. Responder a sus palabras con: «¿Qué quieres decir?» «¿Por qué piensas eso de mí?», puede ser útil, porque deja claro que no consigue culpabilizarnos.

Cuando la acusación entra a nuestro hogar necesitamos entender y descifrar lo que está sucediendo para poder cor-

---

* htlp://www.ciudadseva.com/textos/cuentos/ale/hesse/fabula.htm

tar el circuito y evitar que alguien salga lastimado. Debemos tener presente que:

- Vemos al otro por la acción y a nosotros mismos por la intención.
- Es más fácil ver el error del otro, creer que «yo soy mejor que tú».
- Quien juzga tiene conflictos internos sin resolver.

Como decía, no solo nos comunicamos a través de las palabras, sino que también es posible hacerlo mediante gestos. Cuando dos personas discuten, para hacerse oír tienden a hablar cada vez más alto. De este modo solo se oyen a sí mismas y la voz de la razón se ahoga en la conmoción. Pero si en medio de una discusión levantas la mano como haría un policía para detener el tránsito, el otro hará una pausa, lo que te dará la oportunidad de ser escuchado. A continuación di las palabras mágicas: «Estamos aquí para encontrar soluciones.» Esto no falla. Recuerda lo que John F. Kennedy dijo: «Nuestra tarea no consiste en determinar quién fue culpable en el pasado, sino en determinar el rumbo del futuro.» Si la conversación se vuelve agresiva y se transforma en una sesión de quejas, haz una «T» con tus manos, pide tiempo y propón: «Seguir de esta manera no ayudará. En su lugar, tratemos de averiguar cómo podemos evitar que esto vuelva a suceder.»

Las acusaciones en el ámbito de trabajo

Muchas veces, cuando brillas, las personas que no toleran tu éxito te maltratan descalificándote y acusándote injustamente.

Veamos este interesante ejemplo:

Un juez había sido frecuentemente ridiculizado por un engreído abogado. Cuando un amigo le preguntó por qué no censuraba a su agresor, él contestó:

—En nuestra ciudad vive una viuda que tiene un perro. Cada vez que la luna brilla, ladra toda la noche.

Habiendo dicho esto, el magistrado siguió hablando de otro tema. Finalmente, alguien le preguntó:

—Pero, señor juez, ¿cómo sigue la historia del perro y la luna?

—¡Oh! —respondió—. Simplemente, la luna sigue brillando.*

No permitas que te manipulen, que te hagan dudar de lo que eres, sigue brillando.

Muchas veces las situaciones que tenemos que atravesar no son las óptimas, las que elegiríamos tener que vivir, no podemos preverlas y las vemos como algo catastrófico. Sin embargo, no podemos escondernos detrás de ellas. Es parte del juego, es parte de la vida aceptarlas. Y si fuera necesario habría que enfrentarlas y accionar sobre ellas para lograr así abandonar las lamentaciones, la queja, la posición de víctima y la eterna pregunta: «¿Por qué a mí?»

¿Cómo hacerlo? ¿Cómo enfrentar una descalificación? Veamos algunas estrategias:

- *Ignorarla.* Dar trascendencia a una acusación hace que cobre más fuerza, la alimenta. Si tratamos de defendernos, tendremos que invertir todo nuestro tiempo en hacerlo. Si en cambio hacemos oídos sordos, terminará desvaneciéndose.

* http://www.elcolaborador.com/ilustraciones.htm

Antes de llevar a cabo una estrategia contra la acusación necesitamos evaluar su alcance. Si es de corto alcance, no afectará a muchas personas. Si en cambio se hiciera, por ejemplo, a través de internet, sepamos que la persona que ha lanzado esta injuria quiere tomar protagonismo en la historia y que esta se vuelva trascendente.

¿Puede una calumnia acabar con una buena trayectoria?

El violinista Fritz Kreisler se dirigía desde Hamburgo, Alemania, hacia Londres, para dar un concierto. Tenía una hora libre hasta que su barco zarpara. Kreisler decidió visitar una tienda de instrumentos musicales. Allí, el dueño le preguntó si podía echar un vistazo a su violín. De pronto el hombre desapareció. Cuando volvió a entrar en su tienda lo acompañaban dos policías. Uno de ellos le dijo a Kreisler:

—¡Queda arrestado!

—¿Por qué? —preguntó el violinista.

—Usted tiene el violín de Kreisler.

—Es que yo soy Fritz Kreisler —protestó el músico.

—Nos tiene sin cuidado. Vamos a la comisaría.

El barco que llevaría a Kreisler hasta Londres zarpaba pronto. No había tiempo para continuar con las explicaciones. De modo que pidió su violín y tocó una obra muy conocida.

—Y bien, ¿están satisfechos? —preguntó al terminar su interpretación.

Los policías lo dejaron libre porque el hombre había hecho algo que solamente Fritz Kreisler podía hacer.*

* http://www.bible.org/illustration/famous-violinist

- *Contar a otros lo que nos sucede.* Cuando un dedo nos acusa, cuando nos sentimos juzgados, nuestro diálogo interno juega un papel preponderante porque de él puede surgir la culpa. Por ello, en lugar de hablar con nosotros mismos hablemos con nuestro círculo más íntimo, hablemos de cómo somos, para que otros lo sepan y desde allí se pueda generar una onda expansiva positiva.

4. TOMA EL CONTROL DE TU VIDA

El Libro de Proverbios dice:

«Los ojos altivos, la lengua mentirosa, las manos derramadoras de sangre inocente, el corazón que maquina pensamientos inicuos, los pies presurosos para correr al mal, el testigo falso que habla mentiras, y el que siembra discordia entre hermanos son aborrecidos.»

«Mansedumbre» significa fuerza controlada. Es lo que se quiere lograr, por ejemplo, cuando se doma un caballo. El animal no pierde la fuerza pero ahora está bajo control. Todos tenemos fuerzas, pero si no aprendemos a controlarlas, no nos sirven.

> ¿Qué ganarías con injuriar a una piedra que es incapaz de oírte? Pues bien, imita a la piedra y no oigas las injurias que te dirijan tus enemigos.
>
> **Epícteto**

Controlar no es lo mismo que aguantar: es usar nuestras fuerzas con sabiduría. Si te insultan, te agreden, te descalifican, decide qué hacer con tus fuerzas. Cuando lo hagas llegarás al lugar de la meta, habrás terminado la carrera y habrás descubierto el verdadero sentido de tu vida.

Cuando usamos palabras inspiradoras, la gente comienza a reconocer el verdadero valor de su vida y comienza a crecer y a pensar en grande.

El Viento y el Sol

El Sol y el Viento discutían para ver quién era el más fuerte. El Viento decía:

—¿Ves a aquel anciano envuelto en una capa? Te apuesto a que le haré quitar la capa más rápido que tú.

Se ocultó el Sol tras una nube y comenzó a soplar el Viento, cada vez con más fuerza, hasta convertirse casi en un ciclón, pero cuanto más soplaba tanto más se envolvía el hombre en la capa.

Por fin el Viento se calmó y se declaró vencido.

Y entonces salió el Sol y sonrió benignamente sobre el anciano.

No pasó mucho tiempo hasta que el hombre, acalorado por la tibieza del Sol, se quitó la capa.

El Sol demostró entonces al Viento que la suavidad y el amor de los abrazos son más poderosos que la furia y la fuerza.*

No pongas las fuerzas en tu pasado, en lo que te lastimó, en lo que dijeron de ti, en lo que te hicieron. Pon todas tus energías en tu presente, en tu mañana, en las cosas grandes que te esperan. Toma el control de tu vida, de tus emociones. Tener control no implica tragarse todo —porque todo lo que no se gasta en el lugar adecuado termina por enfermarnos—, tener control es no entrar en el juego en que el maltratador quiere hacerte entrar. Eres el dueño de tu vida, no entres en el juego de nadie: ¡sigue concentrado en la meta!

* http://www.doslourdes.net/viento_y_el_sol.htm

3

LAS AGRESIONES PASIVAS

1. EL MALTRATADOR PASIVO-AGRESIVO

Este tipo de maltratador muestra una sonrisa por fuera, parece ser amable y llevarse bien con los demás, pero acumula —y reprime— muchísima rabia, ya sea por las circunstancias que le tocó vivir que percibió negativas o simplemente porque su umbral de frustración es «cero» y ha de alcanzar como sea el objetivo que tiene en mente. Son aquellos de los que comúnmente se dice que «tiran la piedra y esconden la mano», ya que no exteriorizan su ira al mundo sino que la ocultan, comportándose como si llevaran puesta una máscara.

Estas personas no presentan resistencia abiertamente, cuando se les pide que hagan algo dicen que sí, pero en su interior rechazan la idea. Por ejemplo, un empleado de oficina puede decirle a su jefe que

> Una persona explícitamente agresiva nos matará de un tiro. El pasivo-agresivo lo hará poco a poco, con un golpe tras otro.

llevará a cabo la tarea requerida, para luego demorarse y poner excusas para no cumplir con el encargo. Una persona que acepta la invitación a una fiesta a la que no desea concurrir se demorará tanto en arreglarse que cuando llegue al lugar ya estará por terminar.

Como dijimos, el pasivo-agresivo lleva en su interior, en su alma, en su espíritu, un sentimiento de rabia reprimida que con el tiempo puede adoptar la forma de resentimiento, terquedad, indiferencia o desidia. Usará todos estos mecanismos inconscientes para desquitarse de su ira de manera indirecta.

¿Cómo surgió el término pasivo-agresivo?

El coronel William Meninger, psiquiatra del ejército estadounidense durante la Segunda Guerra Mundial, fue quien acuñó el término «pasivo-agresivo» al observar el comportamiento de los soldados a su mando. Cada vez que les daba una orden, se resistían a cumplirla, porque en el fondo pensaban que el enemigo —el otro— era el fuerte y ellos, los débiles, «las víctimas indefensas» en esa situación. Por lo general, la persona pasiva-agresiva siempre siente que los demás son «superiores a él» y puede llegar a atribuir, inconscientemente, el rasgo de «dictadores» a quienes teme y huir de ellos. Se trata de una hostilidad oculta, disfrazada de inocencia o pasividad: «Yo soy bueno, el otro es malo», suele repetirse a sí misma.

No solo traspasa los límites racionales del amor quien vulnera los principios de la persona supuestamente amada, sino quien acepta sumisamente el desamor, la descalificación, el engaño o cualquier otra forma de ofensa.*

---

* Walter Riso, *Los límites del amor*, Norma, Bogotá, 2006.

¿Cómo podemos identificar a este tipo de personas con el cual nos toparemos tarde o temprano? La persona pasiva-agresiva presenta las siguientes características:

- Tiene conflictos con la autoridad, a la que teme. Cuando una persona le pide algo, ya sea el jefe, el maestro o la pareja, no puede rebelarse y decir que no de manera abierta, ya que tiene dificultades para comunicarse y hacer entender al otro lo que quiere. Entonces dice que sí, ¡pero se resiste!

- Siente que necesita del otro y no puede arreglárselas por su cuenta, porque se percibe débil e incapaz de funcionar de forma independiente, pero a la vez le da rabia depender de los demás. Es por lo general dependiente, siente que la vida que le ha tocado «es demasiado dura» para sobrellevarla sola.

- No puede aceptar una sugerencia de otra persona, sobre todo cuando se trata de realizar cambios en su estilo de vida, ya que lo vive como una exigencia. Tal vez pida consejo sobre algún tema que le preocupa, pero cuando lo recibe lo rechaza haciendo todo lo contrario.

- No ofrece resistencia abierta, siempre dirá «sí» aunque en realidad desee decir «no». Por ese motivo presenta gran dificultad para relacionarse con otras personas en distintos ámbitos y puede tenerle mucho temor a la intimidad, que evitará a cualquier precio.

- Desplaza su enfado. Como es incapaz de reconocer que está muy enojada, con la vida, con Dios, con sus padres, con su familia, con su pareja, etcétera, colocará la ira fuera y serán los demás quienes estén molestos con ella.

- Es ambivalente. El «sí» constante en lugar del tan deseado «no», la convierte en una persona obsecuente y diplomática. Nadie sospechará, al menos al principio, que una persona tan encantadora y complaciente pueda encerrar tanta ira en su interior. Esta característica también se observa en el hecho de querer ser independiente y terminar siendo totalmente dependiente de los demás.

- Así como no expresa su enojo abiertamente, tampoco es capaz de expresar sus necesidades, preferencias y emociones de manera directa, y elige callarse antes de exponerse a un conflicto con el otro. Suele pensar: «Si le digo lo que quiero, quizá se enoje conmigo.» Precisamente por su tendencia a evitar los conflictos, puede parecer sensible y respetuoso, cuando en realidad su agresividad permanece oculta.

- Complace a los demás pero solo de manera superficial, por su tendencia ya mencionada a decir que «sí» cuando en el fondo desea decir «no».

- No puede admitir su ira reprimida, aunque la exprese de manera indirecta. Nunca confesará haber hecho algo malo intencionalmente. Esto se debe a que siente mucho miedo a ser rechazada o castigada, por eso se guarda su enojo.

- Es negativa, aunque no lo exprese abiertamente o acuse a los demás de serlo. No cree ni tiene esperanza de que las cosas, o ella misma, puedan llegar a cambiar algún día.

- No solo tiene conflictos con la autoridad, también con su entorno; desea poder adaptarse e integrarse con otros, pero le resulta difícil relacionarse social y afectivamente.

- Se siente incomprendida, poco valorada y las personas la desilusionan con facilidad. La culpa siempre es de los demás, es incapaz de reconocer sus errores y de aceptar sus responsabilidades.

El pasivo-agresivo complace superficial, pero no sustancialmente. Colabora en cámara lenta, posterga y olvida, para salvar inadecuadamente una falsa dignidad: «Me inclino ante la autoridad, pero no demasiado.» [*]

2. LO ESTOY VIENDO VENIR...

¿Cuáles son las características o los comportamientos agresivos de este tipo de maltratador? Veamos algunas de sus conductas.

- *Llega tarde*

Por ejemplo, una mujer le dice a su esposo: «Querido, ven a buscarme a la peluquería a las cinco.» Él no tiene ganas de pasar a recogerla, está enojado porque siente que es el «chófer» de su esposa, que siempre tiene que estar a su

[*] Walter Riso, *Deshojando margaritas: Acerca del amor convencional y otras malas costumbres*, Norma, Bogotá, 2000.

disposición e ir a buscarla a todas partes. Entonces, en lugar de decirle que no, llega tarde... o lo que es peor: ¡nunca llega!

- *Cancela compromisos*

Comienza por aceptar una invitación, por ejemplo, pero como en su interior no tiene intenciones de cumplir con lo que dice que hará, generalmente termina por cancelar la cita.

- *Pospone, retrasa o deja por la mitad algún asunto*

Es el caso de la madre que le dice a su hijo que limpie su habitación, y este no lo hace o tarda cuatro horas en hacerlo; o el del jefe que le pide al empleado que llame a alguien o envíe un e-mail, y este pone las mil y una excusas para no hacerlo o hacerlo más tarde: «Ha caído la red», «No hay internet», «No sé qué le pasa a mi ordenador hoy». Este comportamiento se debe a que cuando le piden algo, como no se atreve a decir que no, lo hace a medias o simplemente, no lo hace.

- *Obstruye el desarrollo de algo*

Un hombre a quien le piden que corte el césped contra su voluntad puede expresar su hostilidad arrastrando los pies o realizando mal la tarea solicitada. Será capaz de hacer decididamente mal su tarea con el objetivo de que nunca más le pidan que la haga.

- *Pasa factura en otra área*

Una mujer que se siente descalificada puede quemar expresamente la comida de su esposo a propósito, en un intento de compensar el maltrato que sufrió de parte de él. No deja de cocinar, pero lo hace mal, no le da lo que el otro quiere, en este caso un plato de comida bien preparado y sabroso. Del mismo modo, si una mujer no quiere mantener relaciones sexuales con su esposo, cuando le pida ayuda en algo, este dirá que tiene muchas cosas que hacer como una forma de pasarle factura por aquello que le molesta y no se atreve a decir abiertamente.

- *Olvida cosas*

Este tipo de comportamiento suele generar molestias o roces en una relación. Sucede cuando alguien tiene que comprar cinco cosas en el supermercado y vuelve a casa solo con tres de ellas, o compra las cinco pero se equivoca en algo. También cuando pierde cosas y no recuerda dónde o cuándo las vio por última vez.

- *Calla*

El pasivo-agresivo por lo general es una persona a la que le cuesta comunicarse de manera sana con su entorno. Si, por ejemplo, el otro llegó tarde al cine, lo castigará con el silencio y no le dirigirá la palabra como una forma no verbal de demostrar su enojo por lo sucedido. O si le habla, lo hará sin prestar demasiado interés, con indiferencia.

Detrás de la sonrisa o el silencio de este tipo de maltratador, siempre se esconde alguien malhumorado, lleno de ira «no reconocida».

- *Hacer bromas hirientes*

Hace comentarios aparentemente cargados de humor, que son en realidad «paraditas» que pueden ser una crítica encubierta, y que utiliza por su necesidad de sentir que es superior a la otra persona. Ante el enojo de su interlocutor, el pasivo-agresivo puede decir: «Pero ¿dónde está tu sentido del humor?» o «¿No sabes aceptar una broma?»

- *Habla de forma vaga*

«A lo mejor», «Tal vez», «Puede ser», «No sé», «No estoy seguro», son sus frases más comunes. Su ambigüedad se suma a su baja estima personal y a no jugarse por nada ni por nadie, a no animarse a correr riesgos, porque necesita sentirse seguro antes de actuar.

- *Pone excusas*

En un intento por justificar su «no hacer» o «dejar para después», intentará explicar la situación con mil y una excusas. «Estoy cansado»; «No tengo tiempo»; «No me alcanza el dinero»; «No sé si esto es para mí»; «No estoy seguro de ser la persona adecuada para ti», etcétera. Y aun cuando a pesar de las excusas diga que sí, finalmente no hará lo que prometió.

Los chistes deberían ser divertidos para ambas partes, y no deberían ser dichos para avergonzar a los demás o para hacer que la otra persona quede mal y así nosotros quedemos mejor. Decir «rubia tonta», hacer bromas a costa de las personas gordas, acerca de un religioso, chistes de género, o sobre grupos étnicos, «no» es divertido sino hiriente.*

3. RETRATO DE UN MALTRATADOR
   PASIVO-AGRESIVO

¿Qué clase de pensamientos pasan por la cabeza del pasivo-agresivo? Analicemos lo que piensa y lo que quiere que nosotros pensemos de él.

* Mary O. Wiemann, *Te amo/te odio. Armonizar las relaciones personales*, Aresta, Bellcaire d'Empordà, Girona, 2009.

- *Se considera víctima de otras personas*
  «Nadie me reconoce.»
  «No ven mis logros.»
  «Me quieren controlar.»
  «Me están explotando.»

- *Cree siempre que el otro es más poderoso que él y le hará daño*
  «Debo evitar la confrontación.»
  «Es difícil ser honesto, te aplastan.»
  «Yo soy bueno, los otros son malos.»

- *Teme expresar la ira libremente, porque en su casa no estaba permitido*
  «Es malo y peligroso enojarse.»

- *Ignora que él mismo provoca las circunstancias que le producen frustración, presión o dependencia*
  «Este ambiente me frustra.»
  «Me exigen mucho.»
  «Si le hago caso, me haré dependiente.»
  «Si obedezco, sufriré.»

4. ¿CUÁL ES EL OBJETIVO DEL PASIVO-AGRESIVO?

¡Su único objetivo es hacerte enojar! Probablemente para que sientas lo mismo que ha sentido él toda su vida. Pero si caemos en su trampa, seguiremos alimentando un círculo vicioso del que no lo ayudaremos a salir.

No te dejes llevar por el enojo que solo abriga el corazón del necio.

Eclesiastés

Dado que tiene una imagen negativa y un concepto muy bajo de sí mismo, el pasivo-agresivo hace que los demás se enojen para demostrar que él es más fuerte, aunque se esfuerce por convencerse de su debilidad e incapacidad para enfrentar la vida. «No importa cómo soplan los vientos, sino cómo se colocan las velas», dicen los navegantes. Para el pasivo-agresivo equivale a: «No importa la fuerza y el poderío del mundo exterior, si opongo resistencia venceré.»

- *El pasivo-agresivo no es un sádico.* No disfruta causando directamente daño y sufrimiento, físico o psicológico, a otra persona. Él, en cambio, lo hace siempre de manera indirecta, porque inconscientemente no quiere que los demás descubran su gran ira reprimida y acumulada a lo largo de su vida. A diferencia del sádico, el daño que causa le genera una satisfacción inconsciente, una forma de acallar el dolor que siente y no puede reconocer. Por tal motivo, puede llegar al extremo de consumir alguna sustancia adictiva, como alcohol o drogas.

- *El pasivo-agresivo no es violento.* El diccionario define el término «insulto» como «palabra o acción ofensiva cuya finalidad es provocar o irritar a otra persona». Quien insulta es directo, pone todo sobre la mesa, no se guarda nada. Recurre a la agresividad para sentirse más fuerte y demostrar su poder, ya que no ha aprendido a controlar sanamente su ira. En cambio, el pasivo-agresivo no necesita recurrir a la violencia explícita, ya que es un experto en enmascarar sus verdaderos sentimientos. Pero tengamos en cuenta que, aunque tenga la apariencia de una persona mansa y pacífica, su actitud constituye también una forma de abuso que de ninguna manera debe ser tolerado.

Agredir verbalmente es de algún modo más fácil y no está tan mal visto o penalizado como los demás tipos de agresiones. La agresión verbal es un tipo de violencia que aunque no parece tan real como la violencia física, sí que resulta preocupante...*

5. ¿QUÉ ACTITUD DEBEMOS ADOPTAR ANTE UN PASIVO-AGRESIVO?

En primer lugar, señalarle —aunque se niegue a admitirlo— la contradicción existente entre sus palabras y sus acciones, entre el «decir que sí» y el «no hacer».

Si fuera necesario, busquemos la ayuda profesional o el consejo sabio sobre la mejor manera de tratar a una persona con estas características y estos rasgos de personalidad. Cuidemos nuestra salud emocional en todos los ámbitos en los que nos movemos: el hogar, la escuela, el trabajo. Esto es fundamental si queremos establecer relaciones sanas y placenteras con quienes nos rodean.

En ningún caso debemos reforzar el comportamiento del pasivo-agresivo mediante el silencio. Por ejemplo: si el niño no recoge los juguetes del suelo después de que su madre se lo haya pedido más de una vez y ella permanece callada y no dice nada, parece estar aprobando su conducta.

* Antonio Moreno González y María Paz Soler Villalobos, *La convivencia en las aulas: problemas y soluciones*, Ministerio de Educación y Ciencia, Madrid, 2006.

Sentirnos bajo una atmósfera de paz es clave para no caer en la trampa de este tipo de maltratador cuando nos descalifica o se burla de nosotros, lo cual puede activar «la ley del ojo por ojo»: devolverle el daño que nos haya provocado. Si nos mantenemos serenos, eso hará que nuestra mente funcione correctamente y podamos restarle fuerza a lo que son solo palabras, acciones y en algunos casos, falta de determinación de una persona que se siente impotente e incapaz de actuar.

Dice la sabiduría popular: «La blanda respuesta aplaca la ira.»

Una mujer conduce su automóvil. Otro conductor la increpa haciendo referencia a su madre. Ella, con mucha calma, baja el cristal de la ventanilla y le pregunta: «¿Nos conocemos?»

6. LA TÉCNICA DEL «¿Y?»

¿Cómo reaccionar ante una persona que nos coloca una «etiqueta» o se burla de nosotros con un comentario ofensivo? Una primera técnica que suele resultar muy efectiva es responderle con una sola palabra: «¿Y?»

—Tienes una barriga que parece un barril de cerveza...
—¿Y?

—Tienes una nariz que parece el pico de un águila...
—¿Y?

—Pareces una bola de grasa...
—¿Y?

—Te has equivocado haciendo...

—¿Y?

—Eres tonto, dices dos palabras y tres tonterías...

—¿Y?

—¡Qué mal te has vestido hoy!

—¿Y?

Este «¿y?» debe ir acompañado por el gesto de encoger-se de hombros, como indicando cuán poco nos importa y nos afecta esa opinión que, al fin y al cabo, es solamente eso: una opinión.

Y cuando alguien se burle de ti, dile: «Tienes razón, ¿te sientes mejor ahora?» O responde a la burla con un elogio, cuando te han atacado generalmente es efectivo responder con un elogio. Por ejemplo, si alguien se mete con tu aspecto, podrías decir: «Tú sí que eres guapo.»

No tomemos en cuenta ni demasiado en serio el humor sarcástico de aquella persona que se burla de nosotros.

Exageremos aún más su insulto, agradezcámoslo y ria-mos con un simple: «No he entendido tu chiste...»

Cuando respondas con una amplia sonrisa a un insulto, una burla o una humillación, verás cómo la persona que tie-nes frente a ti se desespera y termina por desistir, completa-mente «descolocada». Aunque una persona esté llena de ira y tenga la intención de desquitarse con el otro será imposi-ble que se resista al buen trato y la amabilidad.

4

LAS DISCUSIONES

1. APRENDAMOS A DISCUTIR

En toda relación interpersonal —entre amigos, en el trabajo, en la pareja— siempre habrá temas que resolver, y discutir es la manera de introducir cambios positivos en la relación, que de otro modo permanecería estática. Para que la discusión sea una manera saludable de comunicarnos, es necesario erradicar algunos mitos.

- *¿Las personas buenas no discuten?* Esto es falso, las discusiones son parte del crecimiento y una forma de liberar toda la tensión acumulada.

- *¿Si discutimos mucho es porque no nos amamos?* También es falso, el amor no tiene que ver con las discusiones, ellas son parte de la vida porque tienen que ver con las diferencias. No hay seres humanos iguales, gracias a Dios todos somos diferentes. En una discusión lo importante no es quién gana, sino la manera en que vamos a resolver lo que nos sucede. La cuestión no debe ser si discutimos o no, sino cómo lo hacemos, qué leyes aplicamos al «subir al ring».

- *¿Las discusiones tienen que ver con rasgos de personalidad?* Depende, porque las discusiones ocasionales son parte de la vida. Si los enfrentamientos son permanentes, ahí sí estamos hablando de un problema de personalidad, de una persona a la que atraen los conflictos.

En general, las discusiones tienen tres niveles:

1. **Conversar para llegar a acuerdos.** En esta etapa, por lo general no suele haber tensión porque al prestarse a participar de un diálogo, adulto y constructivo, ambas partes tienen en mente que son un equipo en busca de una solución que satisfaga a uno y otro. El otro aquí es un aliado, no un adversario, no un oponente, y desea ganar tanto como yo. Al conversar amigablemente, no hay enfrentamiento sino un interés genuino por recomponer las cosas.
2. **Sostener opiniones opuestas.** En este caso nos encontramos con dos puntos de vista distintos donde el único objetivo de las partes es ganar. El otro se considera un rival y ya no existe el objetivo común de llegar a un acuerdo satisfactorio para ambos.
3. **Enfrentarse y rebatir al otro.** Aquí llegamos al punto donde la intención de cada participante en la discusión es herir al otro, someterlo y disfrutar, aunque sea de manera inconsciente, con su sufrimiento. El otro es «el enemigo» y se recurre a todo tipo de artimañas para atacarlo, gritos, insultos y amenazas, y

hasta puede también hacerse uso de la violencia física.

Se llega a discusiones violentas, a guerra de posiciones, a producirse molestias mutuas y a pequeñas malignidades [...] ante tales conflictos, estos problemas pueden conducir a hondas crisis que la pareja no pueda superar.*

Una discusión puede ser una válvula de escape para la tensión acumulada. ¿Cuántas veces un hombre agobiado por problemas en el trabajo o una mujer estresada por las tareas del hogar y las responsabilidades con los hijos, comienzan una discusión casi sin razón, por el simple hecho de descargar su tensión y desquitarse con alguien?

Ahora bien, en toda discusión sana es posible expresar nuestras emociones de manera correcta, sin emitir juicios de valor sobre la otra persona, ni atacarla haciendo que se sienta lastimada e infravalorada. Lo más importante que debe tenerse en cuenta en un conflicto son las emociones que está experimentando la otra parte.

Para que nuestras relaciones personales sean sanas y puedan mejorar con el tiempo es útil favorecer la comunicación, el diálogo, el acuerdo y el acercamiento al otro. Veamos algunas maneras de hacerlo.

a. *Pensar, luego hablar*

Siempre, antes de hablar, conviene pensar si lo que expresamos es una emoción que deseamos compartir o se trata de un juicio de valor que hará que la otra persona se sienta atacada. Debemos tener cuidado,

---

* Jürg Willi, *La pareja humana: relación y conflicto*, Morata, Madrid, 2002.

evitar poner etiquetas del tipo: «Eres un desconsi-
derado/un impulsivo/un inmaduro/mala persona»,
y tantas otras que solo llevan dolor al corazón de
quien los escucha y, lo que es peor, deterioran la relación.

b. *Analizar y ver «cómo lo decimos»*
Las palabras relacionadas con determinadas cosas o
hechos son disparadores de emociones. Por ejemplo,
si escuchamos la palabra «ascenso» o «regalo», nos
vamos a sentir felices. En realidad no son las palabras
en sí, sino los hechos que —según nuestra interpretación— esas palabras expresan, lo que dispara nuestras emociones. Y las emociones siempre requieren
ser descargadas, porque aunque nos cueste admitirlo, en especial a los hombres, todos deseamos sentirnos comprendidos por quienes nos rodean.
De manera que, cuantas más emociones sentimos,
más control necesitamos desarrollar a la hora de relacionarnos con otra persona, para no herirla con
nuestras palabras o nuestras acciones.

c. *Escuchar*
¿Cómo hacer que el otro se sienta comprendido? ¡Escuchando! En especial a las mujeres, cuando se sienten abrumadas por emociones negativas, necesitan ser
escuchadas «sin ser juzgadas». No desean recibir un
consejo o una sugerencia sobre lo que deben hacer
—a menos que ellas mismas lo soliciten—, lo único
que esperan es que las escuchen y luego se sienten mejor de manera casi instantánea. Por eso, no es aconsejable que los hombres digan cosas como: «No debes
enojarte...», sin siquiera haber intentado prestar oído

al problema, ya que no escuchar aumenta la emoción. Tampoco intentemos hacer que la otra persona cambie enseguida una emoción por otra, por ejemplo, que deje de estar preocupada y pase a sentirse relajada y confiada. Eso se aprende poco a poco, con tiempo, es como aprender un saque de tenis.

Una recomendación muy útil, en particular para las parejas, cuando se escuchen mutuamente: después de escuchar al otro, trata de resumir en tus propias palabras lo que acaba de decir e interpreta lo que siente en ese momento. Es fundamental, al atravesar una situación difícil, buscar juntos la mejor manera de resolver las cosas, hacer propuestas que demuestren el interés por alcanzar el bien común.

Los siguientes son algunos ejemplos de cómo podemos expresar lo que queremos decir, sin herir al otro:

En lugar de decir:	Podemos decir:
«Fuiste un desconsiderado al no invitarme.»	*«Me sentí herido/a por no haber sido invitado.»*
«Gastas mucho dinero.»	*«Estoy preocupado/a porque me parece que nos estamos excediendo con los gastos.»*
«Te burlaste de mí.»	*«Me sentí avergonzado/a cuando contaste eso.»*

> «La película que elegiste
> es muy mala, ¿no podrías
> haber elegido otra mejor?
> ¡Qué mal gusto tienes!»

> «Me aburro con esa
> película que elegiste.»

2. IDEAS Y CONDUCTAS EQUIVOCADAS EN TODA DISCUSIÓN

El doctor James Creighton, en su libro *Claves para pelearse sin romper la pareja*, señala algunos errores que deben evitarse cuando se discute. ¿Cuáles son las ideas y conductas equivocadas más habituales con respecto a este tema?

- *Evitar el conflicto a toda costa, por considerarlo peligroso, pecaminoso o vergonzoso.* Las personas que tienen esta actitud suelen guardar y esconder sus rabias y frustraciones hasta el día en que explotan. Entonces reaccionan de la peor manera, a veces poniendo en riesgo la relación.

- *Abandonar el lugar, negándose a participar en la discusión.* Al hacerlo, la persona que ni siquiera está dispuesta a discutir está castigando al otro, colocándose en el papel de «víctima» para no asumir su responsabilidad en la relación.

- *Atacar a la otra persona.* En algunos casos, un ataque verbal —no tiene que ser necesariamente un golpe— puede ser tan duro como un *knock-out* en el boxeo, donde la persona atacada cae al suelo, totalmente incapaz de defenderse y ponerse de pie.

- *Atacar y salir corriendo.* Aquí no solo se ataca a la otra persona con dureza sino que quien lo hace, por temor o desidia, es incapaz de afrontar las consecuencias de su acción y huye como si nada hubiera ocurrido, dejando al otro herido y, a veces, la relación «en cuidados intensivos».

- *Dar «golpes bajos».* Es lanzar una frase para descolocar al otro, para herirlo emocionalmente de modo tal que no sepa cómo responder. Y en general, quienes lo hacen dan por terminada la discusión con esa frase y se van, como quien tira una granada o una bomba y huye. Otras personas dan su golpe bajo callando, utilizan la «ley del hielo» cuando se enfrentan a un problema. Si bien hay silencios que son reflexivos, en estos casos son agresivos.

- *Estar a la defensiva.* Una persona que tiene dificultades para reconocer sus propios errores y defectos, durante una discusión estará alerta esperando la ocasión para defenderse y contraatacar. La comunicación con una persona que tiene este tipo de actitud suele ser difícil, ya que de manera consciente o no, se niega a aceptar su parte de responsabilidad en el conflicto que llevó a la discusión. Pero como afirma el dicho: «El tango siempre se baila en pareja.»

- *Buscar un culpable.* Creer que el otro es el único responsable de las dificultades que atravesamos solo produce más resentimiento ya que, como dijimos, ambas partes contribuyen al bienestar o al malestar que reine en una relación.

- **Confirmar quién tiene razón.** Sobre todo en el caso de las parejas, tal vez como una forma de relacionarse aprendida «en casa», se observa la tendencia a buscar el apoyo de familiares o amigos a quienes se cuentan los problemas y pedir que tomen partido. Esta actitud jamás funciona, nunca hay un solo responsable en un conflicto cuando se trata de dos personas que comparten una relación.

3. LAS DISCUSIONES EN LA PAREJA

El doctor Creighton, en su excelente libro *Claves para pelearse sin romper la pareja*, señala los supuestos más frecuentes que tenemos las parejas cuando discutimos. Existen teorías preconcebidas que la mayoría ha llegado a aceptar como verdades.

- *Las parejas normales y felices nunca discuten.* **Falso.** Es normal y saludable discutir, lo importante es aprender a hacerlo de una manera sana que ayude a nuestra relación a crecer.

- *Las discusiones indican un «fallo» de carácter.* **Falso.** Una persona sana es capaz de discutir de manera constructiva y no teme al hecho de no estar siempre de acuerdo con su pareja.

- *Si él o ella no fuese hostil, no discutiríamos tanto.* **Falso.** Las discusiones no tienen nada que ver con rasgos de la personalidad sino con reglas aprendidas; así como aprendemos a cocinar, a bailar, etcétera, también aprendemos a discutir. En este sentido es muy común reproducir en la pareja el modelo que hemos visto en nuestra familia, muchas veces de manera inconsciente, a menos que voluntaria y conscientemente decidamos aprender una nueva forma de relacionarnos.

- *Si nos amamos, no discutiremos.* **Falso.** Las discusiones son un ingrediente inevitable de toda relación de pareja, la diferencia está en cómo enfrentan esa situación: como una guerra donde tiene que haber solo un vencedor, o como una oportunidad para que, mediante el acuerdo y la tolerancia, ambos puedan aportar algo al crecimiento de la relación. Si bien es cierto que algunas parejas discuten más que otras, una discusión no necesariamente se debe ver como algo negativo.

- *Discutimos por aquellos temas en los que no nos ponemos de acuerdo.* **Falso.** No se trata del tema sobre el que discutimos, sino de cómo lo hacemos; y es posible aprender a hacerlo de manera saludable y constructiva para nuestra pareja.

«Las crisis de pareja son normales... Lo sano es mostrar la ambigüedad de la relación.»*

Cómo afrontar una discusión de pareja

A la hora de enzarzarse en una discusión provocada por una crisis de pareja, es aconsejable:

---

* Carmen L. Rossi, *Ajedrez vital: reflexiones sobre la vida*, AuthorHouse, Bloomington, Indiana, 2006.

- Tratar un solo tema.
- Evitar por todos los medios hablar en la cama, de noche, vía e-mail o mensaje de texto.
- Mostrar que uno no está enojado ni molesto.
- Si es necesario, después de un rato de discusión dejar el tema y posponer la conversación para otro momento.
- Nunca etiquetar a la otra persona con frases como: «Eres una inmadura», «Eres un machista», «¡Qué irresponsable eres!», etcétera.
- Evitar mencionar problemas del pasado.
- Hacer un pacto de no agresión.
- Admitir la responsabilidad en el asunto y que ambos han contribuido a llegar a la situación en que se encuentran.

4. UN POCO DE BUENA VOLUNTAD

Dentro de cada uno de nosotros conviven la impulsividad y la voluntad. ¿Por qué? ¿Recuerdas que en los dibujos animados cuando una persona tenía que decidir algo ponían un diablito o un angelito? El angelito era el que decía: «Espera, reflexiona...» Y el diablito el que decía: «¡Mátalo!» Esto tiene una base biológica: hay una lucha interna entre los dos hemisferios del cerebro, entre el de la voluntad y el de la impulsividad.

> Si dos se ponen de acuerdo, si están en armonía, todo recobra su equilibrio y lo mejor viene para cada una de esas vidas.

Piensa en un cruasán, de esos con chocolate. ¿Lo has hecho? He activado la parte de la impulsividad que te dice: «¡Cómpralo y cómetelo ya mismo!» Mientras que la voluntad te dice: «¡Vas a engordar!» Y así se produce la lucha y una de las partes será la ganadora.

Estamos perfectamente creados: mientras la voluntad nos hace mirar a largo plazo, la impulsividad nos hace mirar el «ahora». Ante una discusión debes desarrollar la parte sabia, la voluntad, la parte reflexiva, la que te hace considerar «el acuerdo» y no «la discusión». La voluntad nos hace pensar, nos hace evaluar qué es lo que más nos conviene y es la que debe predominar en una discusión.

Los especialistas dicen que lo más importante en el proceso de cambio de un adolescente cuyos padres se han separado es el acuerdo entre los padres. Aunque estén separados, pueden ayudar a sanar a sus hijos. Es decir, un matrimonio que se separa pero se lleva bien es el factor sanador más importante para el hijo.

> Llevarte bien con los demás sana; llevarte bien con la gente te cura, y así también curas a los demás.

En un mundo donde la gente pierde la paciencia a los cinco minutos de tener una dificultad, donde ante un conflicto en lugar de pensar en un acuerdo, en un arreglo, se piensa en una demanda, necesitamos aprender a llevarnos bien con nosotros mismos, con nuestra familia, con nuestros amigos.

Cuando la voluntad se imponga a la impulsividad podremos relacionarnos mejor, y no solo eso sino que tendremos capacidad para relacionarnos de una manera beneficiosa con aquellos que no piensan como nosotros, con quienes no aceptan nuestra manera de ver la vida y con los que no comparten nuestras creencias.

En una ocasión, un hombre se compró un perro y el veterinario, muy experto en el tema, le recomendó: «Para que el perro crezca sano y fuerte dale una cucharada de aceite de hígado de bacalao todos los días.» El dueño fue a su casa y le metió la cuchara con aceite de hígado de bacalao en la boca al pobre perro. Al día siguiente volvió a meterle a la fuerza otra cucharada de aceite en la boca. Así continuó durante meses. Todos los días luchando para que el perro abriera la boca y tragara el aceite de hígado de bacalao. Pero un día, forcejeando con el animal, el frasco de aceite se cayó al suelo. El dueño soltó la cuchara y el perro, de un salto, se fue a lamer el aceite hasta terminarlo. Y así fue como este hombre aprendió que el perro no se resistía al aceite, sino a la manera en que se lo daba.

Aprendamos a llevarnos bien con la gente, ¡desarrollemos nuestra voluntad!

Si quieres llevarte bien con los demás y evitar conflictos con las personas que te rodean:

- Aléjate de la gente problemática.
- Cuando te comprometas a realizar un trabajo firma un contrato.
- Si te dijeran que alguien habla mal de ti, recurre a la fuente: no escuches lo que dicen por ahí.
- Ten en cuenta que quien se muestra más «arrogante» busca que lo feliciten.

Hablar mal excluye, hablar bien incluye. Las palabras que pronunciamos nos devolverán todo aquello que decimos. Todas las palabras que pronunciamos vuelven a nosotros con lo que dijimos.

5. Discutir de una manera sana y productiva

Las palabras crean atmósferas emocionales y espirituales. Por ejemplo, cuando nos encontramos con alguien y le decimos: «¡Cuéntame algo bonito!», la persona recuerda algo que le pasó y cambia su estado emocional. Con nuestras palabras generamos un clima, porque ellas tienen poder. Las palabras son el don que Dios nos ha dado para crear nuestro mundo. *Debemos ser conscientes del poder de saber comunicarnos con el resto.*

A continuación, te doy algunos consejos sobre la manera de transmitir tus ideas y sentimientos para lograr que una discusión sea fructífera:

- Comunicar nuestros deseos con cariño, afecto y, sobre todo, con claridad. No es recomendable esperar que el otro, por el simple hecho de que nos ama, sepa qué es lo que necesitamos. ¡Nadie es adivino!

- Pedir, siempre; demandar, nunca. En lugar de: «¡Apaga la tele mientras hablamos!», podrías decir: «¿Por favor, podrías apagar la tele mientras hablamos?» Las buenas maneras consiguen ablandar el temperamento más duro. «Por favor», «gracias», «te pido» son expresiones que abren la comunicación y predisponen al diálogo.

- Preguntar en lugar de afirmar. Cuando creemos que algo es de determinada forma, es mejor hacer una pregunta para comprobar si estamos en lo cierto, que darlo por sentado. Podrías cambiar un: «¡No me escuchas!» por un: «¿Me estás escuchando?»

- Etiquetas: ¡fuera! No utilizar frases como «Eres un irresponsable», «Eres un desastre», etcétera. Es conveniente hablar de lo que el otro hace y no de lo que es. Una etiqueta negativa es como un golpe en el alma que, a veces, puede llevar tiempo sanar. Sobre todo si esa persona fue maltratada en su niñez.

- Evitar los «siempre» y los «nunca». «Siempre llegas tarde», «Nunca me escuchas.»

- Que todo lo que se diga sume a la relación y no reste. En vez de: «Nunca te quise», decir algo como: «Para ser sincero, nunca estuve seguro de amarte.»

- Recordar que el cuerpo también habla. Si digo que escucho, tengo que mirar a la otra persona a los ojos; si digo que amo, necesito hacer alguna demostración de afecto como las caricias. «Los hechos tienen más fuerza que las palabras.»

- Tener el hábito de dar gratificaciones. Son esos pequeños actos y actitudes que engrosan la cuenta bancaria afectiva de la otra persona: agradecer, mostrar empatía, consolar, escuchar, ayudar con alguna tarea pesada, etcétera. Para eso tenemos que convertirnos en detectives y averiguar cuál es el «lenguaje de amor» del otro ¡y actuar en consecuencia!

Debe tenerse siempre presente que lo que hablamos, aquello que transmitimos mediante la palabra, tiene sus frutos, para bien o para mal. Como dice el sabio Salomón, las palabras nos curan o nos lastiman. Las palabras tienen poder. Nos sanamos y nos enfermamos hablando.

Cuenta una de las fábulas de Esopo que había una vez un asno que un día encontró una piel de león. El asno se puso la piel y empezó a pavonearse, asustando mucho a los animales. Pero pronto llegó una zorra. El asno trató de asustarla también, pero la zorra, al escuchar la voz del asno dijo: «Si quieres asustarme tendrás que disfrazar también tu rebuzno.»

Moraleja: una persona puede disfrazarse, pero sus palabras la delatan. Es decir, una persona poco inteligente puede pasar inadvertida hasta que habla, pues en ese momento queda desenmascarada.

Nuestra vida va en la dirección de aquello de lo que hablamos. Nuestras palabras dirigen nuestro mundo, tienen valor y peso por sí mismas. Si decimos «no lo vamos a lograr», nos irá mal. Nuestra vida va a ir en la dirección que tome nuestra boca. Hay palabras propias de un perdedor y hay palabras propias de un ganador. Hay palabras que cierran puertas y hay palabras que las abren.

> **Hay hombres cuyas palabras son como golpes de espada, pero la lengua de los sabios es medicina.**
>
> **Proverbios**

Todos tenemos una frecuencia de comunicación. Si aprendemos a armonizar con la frecuencia de las personas con quienes en algún momento discutiremos, lograremos el maravilloso poder de la comunicación. Identifiquemos entonces la necesidad de aprender a hablar positivamente y con convencimiento.

5

LAS BURLAS

1. LA CAMISA ES PEQUEÑA O..., ¿HAS ENGORDADO?

¿En alguna ocasión te has sentido humillado o has sentido que se burlaban de ti? ¿Alguna vez te ha asaltado la imperiosa necesidad de esconderte y al mismo tiempo no has comprendido qué te estaba pasando?

Humillar es hacer que alguien se sienta subestimado, inferior, sometido, vejado y ultrajado, aunque sea solo a través de las palabras. Cuando compartimos una broma con alguien, nos reímos juntos y ambos lo disfrutamos, no hay mala intención. Pero la burla, que muchas veces incluye la humillación, tiene por objetivo destruir al otro, hacerlo sufrir y dañarlo.

Seguramente alguna vez te has preguntado: «¿Si yo no le hice nada, por qué soy blanco de todas sus burlas?, ¿por qué siempre se mete conmigo?» Por eso necesitamos saber que aquel que humilla mediante la burla lo hace porque antes ha sido humillado por alguien. Y que esa humillación lo convierte en una persona insegura y miedosa, y que al sentirse inferior a los demás, necesitará humillar a su vez para poder sentirse mejor consigo mismo.

Estas personas, inconscientemente, piensan: «Esto te pasó a ti, no a mí», «No quiero que me pase a mí, por eso me río de ti», o «Yo soy mejor que tú». Precisamente a través de la burla exacerban su sentimiento de inferioridad con respecto a los demás. Al señalar el error del otro logran sentirse un poco mejor, ya que esa actitud los coloca en otro lugar. La atención se concentra ahora en el otro y «el fuerte» se convierte en «el débil».

Los burladores creen que lo saben todo, y cualquiera que intente enseñarles algo lo único que hace es perder el tiempo. [...] Los escarnecedores suplen su falta de conocimiento con la arrogancia. En lugar de comentar sensatamente un tema con aquellas personas que podrían enseñarles, se limitan a reírse de la verdad y a negarla. [...] Como carece de todo tipo de munición intelectual o espiritual, el burlador depende del ridículo y del desprecio para enfrentarse a sus enemigos.*

Quienes se burlan del resto siempre intentan llamar la atención. Sus frases más típicas son: «No es así, entendiste mal», «Es solo una broma», «¡Qué sensible eres!», «Pero, ¡qué exagerada y paranoica resultaste ser!»

¿Cuál es el objetivo de aquel que nos maltrata con palabras?

Demostrar que tiene poder sobre nosotros. Detrás de todo maltratador hay un niño lastimado, hay un niño herido

* Warren W. Wiersbe, *Seamos sabios*, Portavoz, Grand Rapids, Michigan, 2002.

que está escondido, y mediante los gritos, la imposición de
sus deseos, el maltrato, la burla, etcétera, lo que intenta de
mostrar es que tiene poder sobre nosotros, ese es su objetivo.

Para lograrlo pondrá un anzuelo, y el anzuelo, ¿qué es?
Es decir algo que te duela, te moleste, o te lastime. ¿Por
qué? Porque si mordemos el anzuelo, el maltratador habrá
logrado su objetivo. El maltratador intentará intimidarte,
humillarte, limitarte mediante la burla. Quien ha sido humillado empieza a sentir vergüenza y a creer que tiene un
problema, que algo en él no va bien. La persona que se burla de ti busca empequeñecerte, menospreciarte, herir tu autoestima; por eso tienes que adoptar una posición fuerte y
defender lo que es tuyo.

Cuando alguien que está a tu lado se siente avergonzado
de ti y utiliza frases hirientes o estigmas sobre tu persona,
debes preguntarte: «¿Es verdad lo que dice de mí?» Y ser
capaz de responder: «No. ¡No es verdad!» «¿Qué opinión
es más importante, la de él o ella, o la mía? Sin duda, la mía.»
Y sobre todo aplicar el recurso de la fe, que es como un escudo que hará que todos los dardos negativos que nos arro-
jen —en forma de palabras que dañan—, reboten. Es el momento de levantar «el escudo de la fe» para que las palabras
negativas reboten en él.

¿Cómo puede ayudar la fe en uno mismo a hacer frente
a las burlas?

La fe en nosotros mismos nos sirve para afrontar situaciones difíciles que, aunque preferiríamos no tener que vivir, todos atravesamos en algún momento de nuestra vida.
Fe es creer, creer en ti mismo, en tu capacidad; y si sientes
que eres capaz actuarás en consecuencia. Las humillaciones
no pueden dañar a una persona cuya autoestima está prote-
gida por su fe. Lo que ocurre es que muchas veces nos con-

centramos en los problemas, en las palabras agresivas, en la persona que intenta humillarnos, en lugar de apoyarnos en la fe que tenemos en nosotros mismos. Como señala el dicho: «Aquello en lo que te concentres crecerá.» Concéntrate en tus posibilidades, no en el maltrato o en la burla. ¡Haz crecer la fe en ti para poder afrontar cualquier situación!

Mientras que el amor es suave, cariñoso, la fe es decidida, resuelta y habla con autoridad: «Eso que dices es solo tu opinión. ¡Yo tengo mi propia opinión, que es la que vale!» Si alguien habló mal de ti para menospreciarte, para hacerte daño, es el momento de anular todas las palabras agresivas que haya soltado sobre ti.

«Lo que nace con palabras, con palabras también se quita.» Si esa situación de maltrato fue generada por palabras negativas, podrás bloquearlas con un decreto de fe. Las palabras que transmiten la fe en ti mismo, palabras de sabiduría, de aliento, de esperanza pueden invalidar cualquier humillación.

2. TÉCNICAS PARA HACER FRENTE A LAS BURLAS

El maltratador observará la reacción de la persona a la que agrede. De acuerdo a la reacción, sabrá si logró el objetivo: tener poder sobre nuestras emociones.

- Si reaccionamos tragándonos la rabia
- Si intentamos agradarle
- Si nos callamos, pero en soledad estallamos en llanto
- Si insultamos, si gritamos, si somos prepotentes

Se dirá: «Logré mi objetivo.»
Por eso, ante ellos seamos inteligentes y elijamos la for-

ma de responder a su agresión. La víctima tiene un punto débil como también lo tiene el agresor. La diferencia es que la víctima soporta esa debilidad, pero el agresor no.

Pongamos en práctica algunas técnicas sencillas que nos colocarán en otra posición ante el maltratador.

- *Reconocer los errores, sin humillarte.* «Sí, me equivoqué, pero eso no me hace un tonto ni un loco.» «Sí, me caí. ¿Y?, ¿estás mejor ahora?»

- *No darle mayor importancia a un comentario de alguien con quien no te interesa mantener ningún trato.* «Lo voy a tener en cuenta, gracias» (después de escuchar que me visto mal, que no sé combinar los colores).

- *Jamás intentar ganarse a quien humilla, para no entrar en su juego.*
  Quien humilla juega a no darte su aprobación, a descalificarte para que hagas lo que él quiere para ganar esa aprobación.
  —Yo no te doy mi aprobación...
  —No la necesito, tengo la aprobación de Dios, de la gente que me quiere y la mía propia.

Para que no te lastimen las burlas, no deben alegrarte los reconocimientos. El día que no busques ni necesites el reconocimiento, porque no modifica nada en tu vida, cuando te critiquen o calumnien no te lastimarán. No necesitamos la aprobación de nadie.

Deberíamos:

- *Reírnos de nuestros errores y exagerarlos.* «Sí, mi nariz es como un cohete espacial..., y por la noche ¡es peor!» «Botellita de jerez, botellita de jerez..., ¡todo lo que me digas será al revés!»

- **Conservar el buen humor en cualquier circunstancia.** Imitar a ese joven que usaba la camiseta que decía: «No soy jugador de básquet...», como vimos en un ejemplo anterior.

- **Cuestionar el argumento de quien nos ataca.**
  —Eres un tonto...
  —¿Por qué piensas eso? ¿En qué te basas para decir algo así?
  Se trata de generar una duda razonable. Pedirle explicaciones, sacarlo del subjetivismo o mejor aún, que en nuestra pregunta vea solo es eso: subjetivismo.

Ante una agresión tenemos tres posibles caminos a seguir:

- Ignorar a la otra persona.
- Responderle con frases cortas.
- Reírnos de la situación y de nosotros mismos.

Debemos tener en cuenta que la burla es una forma de maltrato, y quien la verbaliza se siente insatisfecho. En un primer momento, estas personas atraen porque parecen seguras al hablar, no dudan. Pero ocurre que cuando alguien no tiene una imagen favorable de sí mismo o está por la razón que sea angustiado, la seguridad de los maltratadores le atrae y produce admiración. Sin embargo, si tú te sientes seguro, los maltratadores no te atraerán sino, por el contrario, te alejarás de ellos. Rechaza las humillaciones y concéntrate en tu meta, en tus sueños. Concentrarte en tus objetivos fortalecerá tu corazón y te dará el empuje necesario para seguir adelante a pesar de las burlas. Si sabes quién eres y cuál es tu sueño, ningún comentario desagradable tiene por qué afectarte. No cedas ni un centímetro; mantente firme en tus convicciones, defiéndelas, que ninguna burla haga mella en tu mente o espíritu. La constancia es una de las características de las personas que creen en sí mismas y en sus sueños. Nadie podrá humillarte si eres una persona perseverante que se esfuerza por alcanzar lo que desea. La persona inconstante tiene una meta hoy y otro objetivo mañana; es nómada, inestable, no sabe quién es ni lo que quiere. Con estas características, es un blanco fácil para cualquier acosador, que advierte rápidamente su debilidad. Si fuera ese tu caso, debes recuperar la confianza en ti mismo.

Aprendamos a manejar los momentos difíciles en la comunicación. Controlar situaciones difíciles es fundamental para tener éxito. Siempre nos cruzaremos con personas complicadas. Sin embargo, cuando estés ante ellas, recuerda que tu objetivo no es agradar, ni convencer, ni hacer razonar, sino «desactivar» cualquier tipo de maltrato. Dirígete hacia tu meta, hacia tu sueño y no dejes que ningún maltratador te distraiga.

6

LAS CRÍTICAS

1. ESE COLOR NO TE QUEDA BIEN

¿Te has encontrado alguna vez con esa clase de personas que todo lo critican? ¿O te has quedado paralizado, sin saber qué responder, ante alguien que critica tu manera de vestir, tu forma de hablar, tus amistades, tu trabajo, etcétera? ¿O tal vez tú mismo eres un «crítico corrosivo» y no sabes cómo abandonar ese mal hábito?

La verdad es que ¡una mitad del mundo critica a la otra mitad! Pero generalmente cuando el crítico malicioso es cuestionado por su actitud, suele responder: «No lo tomes a mal, es solo un comentario.» O bien: «Pero tú no aguantas nada, es solamente un punto de vista.» Lo cierto es que siempre está listo para hacer un comentario negativo —que es en realidad un juicio de valor—, sobre los demás, sin darse cuenta de que lo único que está haciendo es provocar resistencia o una reacción negativa en el otro.

La persona que critica de forma insidiosa a otros es por lo general insegura y posee una baja autoestima, motivo por el cual no puede reconocer sus propias debilidades (es incapaz de realizar una introspección) y necesita encontrar fallos en los demás para sentirse mejor consigo misma.

Lo que esta persona no sabe es que su forma de actuar no conduce a nada bueno, no existe «la crítica constructiva», así como tampoco existe una enfermedad «constructiva», o se «critica» o se «construye». La crítica nos destruye, lastima nuestro ego. Y, sobre todo, si la persona criticada no puede defenderse ni justificarse y tolera un ataque tras otro, esta forma de relacionarse puede conducir al resentimiento y a dañar la relación. Algo muy diferente es aconsejar, guiar. Porque el consejo nace de una buena intención, del deseo de ayudar, de corregir, de cambiar, de avanzar.

La crítica constante de los otros surge de la rabia, de todas aquellas cosas no resueltas de un ser humano, problemas con los que probablemente ha cargado desde su niñez. En la mayoría de los casos, la persona que siempre habla mal del resto de la gente ha tenido padres muy exigentes a quienes nunca lograba contentar hiciera lo que hiciese. El tipo de padres que si el hijo saca un nueve en un examen, le dicen: «Bien podrías haberte sacado un diez...» Más tarde en la vida, este adulto trasladará su frustración y su enojo disfrazados de crítica a quienes lo rodean. Como en una película de terror donde salvo uno todos son zombis, quienes se pasan la vida criticando a todo el mundo buscan a ese ser diferente para morderlo y convertirlo en uno de ellos de manera tal que a la persona perseguida no le quede más remedio que salir corriendo.

Siempre es necesario hacer una pausa, tomarnos un «tiempo fuera» que nos ayude a recuperar el equilibrio emocional necesario para dialogar de forma asertiva. La comunicación emocionalmente inteligente consistirá en

aprender a expresarnos desde nuestro «yo» en lugar de criticar al «otro».*

2. ¿CÓMO REACCIONAR ANTE LAS CRÍTICAS?

Dependerá de la persona que haga el comentario negativo. No es lo mismo la crítica de un compañero de trabajo, un jefe o un desconocido, que la de un padre, un cónyuge o un amigo cercano. Pero en cualesquiera de nuestras relaciones, en algún momento de nuestra vida recibiremos alguna crítica. De ahí la importancia de aprender a manejarla de la mejor manera posible.

Una persona con la autoestima baja tiende a malinterpretar las críticas —no acepta ni siquiera una sugerencia— y con seguridad reaccionará mal. A veces contestará con otra crítica en un intento de descalificar a quien la hizo; o se limitará a aceptarla con resignación y tristeza. Justificarse y pedir excesivas disculpas ante una crítica es signo de inseguridad, muestra la dificultad para reconocer las propias limitaciones y errores.

Por ejemplo, cuando se comete un error, en lugar de buscar excusas es mejor enfrentar la situación pidiendo disculpas y tratar de hacer algo al respecto, de encontrar la manera de solucionarlo. Y, sobre todo, darle la razón a la persona que se queja, admitir el error. «Tiene usted razón, señor, nosotros le íbamos a enviar el paquete la semana pasada, lamento que no lo haya recibido aún. Gracias por avisarnos.»

Por eso desarrollar «seguridad» y «confianza» en nosotros mismos es fundamental para lograr interpretar correc-

* Jaume Soler y M. Mercè Conangla, *Juntos pero no atados: de la familia obligada a la familia escogida*, Amat, Barcelona, 2005.

tamente aquello que nos dicen y no permitir que una crítica o un comentario incisivo nos afecte, sino por el contrario aprovecharlos en beneficio de nuestro crecimiento.

¿Cómo mantener a raya a quienes hacen críticas despiadadas? ¿Con una ristra de ajos y una cruz en la mano, como si fueran vampiros? ¡No!

A quienes critican por criticar debemos incorporarlos a nuestra vida, saber que siempre estarán allí y dejarlos que opinen, ya que todo, absolutamente todo, es criticable. Pensar de esta manera nos ayudará a no tomar un comentario negativo como algo personal. Muchas veces, se trata de distintas visiones de un mismo aspecto. ¿Qué significa esto? Que la gente espera otra cosa de nosotros, otra reacción, otra actitud de nuestra parte. Por eso, cuando alguien critique lo que haces, convendría que le preguntaras: «¿Qué quieres que haga?» Es decir, pídele a esa persona información exacta sobre cómo cree él que deberías comportarte. *Todos esperamos algo diferente de la vida. Un pobre desea prosperar, un enfermo de cáncer quiere curarse y alguien agradecido a la vida y feliz solo tiene ganas de cantar.*

> La crítica es la fuerza del impotente.
>
> **Alphonse de Lamartine**

Otra forma sabia de responder ante las críticas es decir simplemente: «Quizá tengas razón...» ¡Aunque no la tenga! Esta es una técnica efectiva para frenar a nuestro interlocutor y no vernos envueltos en una discusión sin sentido. Por eso, por sobre todas las cosas, cuida tu corazón porque él es la fuente de tu vida y de todas las cosas buenas, nunca te dejes envenenar.

> Quien se enfada por las críticas, reconoce que las tenía merecidas.
>
> **Tácito**

Hacer críticas parece ser lo más fácil del mundo porque, como ya dijimos, todo es criticable. ¡Es tan difícil dejar contento a todos! La música que para alguien puede ser demasiado movida, para otro es demasiado lenta. Un discurso que para una persona puede resultar largo, para otra es corto. Los invitados a una fiesta pueden parecer muchos para unos —que se preguntarán cómo hacer para alimentarlos a todos—, y pueden ser pocos para otros, que querrán agregar más gente a su lista.

También es importante tener en cuenta que la cultura en la que vivimos es «una cultura de la crítica». ¿Quién no ha escuchado alguna vez la frase: «Lo digo por tu bien...»? ¿Quién no ha realizado alguna crítica de forma anónima y segura como brinda una red social del tipo de Facebook? Los argentinos somos «opinólogos» profesionales, opinamos sobre cualquier tema aunque no tengamos mucho conocimiento al respecto. Criticamos una película, un programa de televisión, un partido político —¡y a los políticos!—, un partido de fútbol —incluidos los jugadores, el director técnico y el árbitro—, y la lista podría continuar. En otras ocasiones, cuando necesitamos ser escuchados, nos convertimos en expertos en generar situaciones de histeria, de gritos e incluso insultos. ¿Te suena? Por eso necesitamos saber que bajo cualquier circunstancia las críticas no levantan la moral ni son constructivas, solo lastiman.

Una frase que abre caminos es: «Busquemos una solución.» Algunas personas buscan culpables. Otras actúan con asertividad, preguntan cómo se puede resolver un problema, cosa que quienes critican no hacen.

3. CRITICAR *VERSUS* CONSTRUIR

En este mundo tenemos todo lo que necesitamos para disfrutar, para vivir bien, hay de todo y para todos los gustos. Pero las críticas desde ningún punto de vista servirán para ser mejores personas, para vivir mejor, aunque las llamemos «críticas constructivas». Sepamos que:

- *Las críticas corrosivas son inútiles y negativas.* A través de sus palabras, quien critica tratará de liberar la rabia reprimida que tiene en su interior. Algunas veces suelen exteriorizarse con agresividad a través de prejuicios, odios, etcétera. La crítica malsana nace del deseo de hacer daño a otro y de ocultar frustraciones no resueltas. Por eso, las personas que critican a los demás de forma más agresiva por lo general fueron maltratadas en el pasado. Y aunque actúen de manera inconsciente, su actitud transmite este mensaje: «Tienes ese defecto, yo no.»

- *Las críticas son destructivas.* Buscan desarmar al otro, sobre todo cuando quien lo hace es alguno de los padres, un familiar directo o alguien a quien la persona criticada respeta o aprecia. Está comprobado que el cerebro de un niño incorpora con mayor rapidez un concepto nuevo a través de un comentario positivo que de uno negativo. En lugar de decirle: «¡Te dije que no tiraras los papeles al suelo!», es mucho más efectivo decir algo así como: «¡Qué bien que tiras los papeles a la papelera!» A los niños las críticas les producen angustia.

- *Las críticas lastiman.* Tengamos en cuenta que el ser humano es sensible a los elogios y a las críticas. A pesar de ello, si no tengo problemas de estima ninguna palabra ni lo que el otro pueda decir de mí podrá desestabilizarme.

Una persona sana es aquella que sabe dar, aquella que elige pensar: «¿Qué puedo hacer para que el otro tenga éxito?» Cada uno de nosotros es una marca y tenemos que ver qué podemos dar, qué podemos aportar a los demás. Esa es la mentalidad de aquellos que siempre van por más en la vida, saben que dar genera reciprocidad, nos hacen crecer y ampliar nuestras relaciones. ¿Dónde está el gran éxito? El éxito está en bendecir a la gente, porque cuando doy, yo también recibo.
¿Qué estás dispuesto a dar?

4. EXPERTOS EN LA MATERIA «CRÍTICA»

a. *El crítico oposicionista-negativo*

Es la persona que acostumbra negar lo que su interlocutor dice por la simple razón de llevarle la contraria:

—Vamos a comer un helado.
—No, engorda.

—Todo saldrá bien.
—¿Por qué? No lo creo.

—Me parece que va a llover.
—No, va a salir el sol.

—¡Qué buena película!
—La que vimos antes fue mejor.

Una persona que siempre lleva la contraria a los demás en el fondo necesita demostrar que es más inteligente que el otro, que tiene buenas ideas, que todo lo sabe. Como hemos dicho, quien habla mal constantemente del resto suele tener problemas de autoestima, producto de los comentarios negativos y destructivos que recibió de niño.

b. *El crítico avasallador*

No intenta demostrar que es más inteligente sino que, debido a la rabia que tiene reprimida, lo único que busca es provocar al otro, lastimarlo, maltratarlo. A una persona que reacciona de esta manera es necesario ponerle límites claros, firmes, que funcionen como vallas invisibles e impidan que alguien ingrese en nuestro mundo interior y abuse de nosotros. En este caso en particular, no sirve de mucho guardar silencio ni seguirle la corriente, lo que hay que hacer es ponerle un freno para que no nos avasalle.

En este punto, veamos algunas técnicas para responder a aquel que tenga intención de atacarnos.

—Me molestó que no me saludaras.
—Y a mí que no respetaras mi cansancio.

—Me molestó que no me llamaras por mi cumpleaños.
—Y a mí, que no me llamaras durante seis meses.

c. *El crítico de mente pequeña*

Es aquel que critica lo que otra persona hace porque está fuera de su alcance: su mundo conocido. Esta clase de persona teme ver y oír lo que nunca antes oyó o vio. Le tiene mucho miedo a lo nuevo y se resiste a los cambios, no puede entender que el otro tenga un gusto distinto o piense de otra manera, no sabe cómo manejar las diferencias en los demás o comportarse ante los cambios. Por lo general se debe a la falta de información y a una forma rígida de ver la vida y los acontecimientos.

> Hable usted de sus propios errores antes de criticar al prójimo.
>
> Dale Carnegie

d. *El crítico ocasional*

Es la clase de persona que aparece de repente, de la nada, y te critica. ¿Qué conviene hacer con alguien así? ¡Sacártelo de encima!, ya que con personas como esas no vale la pena tener contacto en el futuro. Por supuesto, no estamos hablando de un familiar o de una amistad cercana, sino en la mayoría de los casos de un desconocido con quien nos relacionamos por un breve período de tiempo. Una respuesta que puede resultar muy efectiva ante un crítico de esta naturaleza es:

—Lo voy a tener en cuenta, muchas gracias...

Frase acompañada de una expresión fría, de «cara de póquer».

e. *El crítico constante*

Es la persona para quien la crítica se ha convertido en un hábito —actúa de manera inconsciente— y no sabe relacionarse con alguien sin emitir algún comentario negativo. Critica todo y a todos. Como solemos decir, siempre «está buscando los cinco pies al gato», o «el pelo en la sopa». Y lo peor es que ¡los encuentra! ¿Qué características tiene aquel que no puede parar de criticar?

- Es narcisista: él es el único que sabe hacer las cosas bien, es mejor que tú, más inteligente, etcétera.
- Es envidioso: no soporta tu éxito y busca destruirte; vive pendiente de lo que hacen los demás.
- Es ocioso: como vive pendiente de las personas que lo rodean acaba descuidando su propia vida y se vuelve perezoso hasta el punto de dejar de hacer lo que tiene que hacer.
- Es rígido: no puede entender tu forma de ser; su manera de pensar y de ver la vida es la única válida.

Una pequeña semilla que estaba en la tierra se preguntaba una y otra vez. «¿A cuál de todas las flores que están a mi alrededor me voy a parecer?» Y se dijo: «El lirio no me gusta, es muy orgulloso; la rosa tiene espinas feas; la violeta tiene mucho color.» Así siguió, criticando a cada flor, hasta que en verano la semilla arrogante brotó y descubrió lo que era: ¡una mala hierba! Tengamos cuidado de aquello que criticamos, no sea que en nosotros hallemos lo mismo, o algo peor.

Al igual que un bravucón solo atormentará a una víctima fácil, cuanto mayor sea la reacción de la persona afectada, más se ensañará el crítico con ella.*

5. Una persona motivada es indestructible

«¿Qué es lo más importante para crecer profesionalmente en el trabajo?» Esta fue la pregunta principal de una

---

* http://www.inteligencia-emocional.org/como-tratar-personas-dificiles/como_reacciona_usted.htm encuesta para conocer qué característica de los trabajadores se consideraba fundamental para obtener un ascenso laboral. El 55 % de las personas encuestadas respondió que una característica imprescindible para crecer en el trabajo es la iniciativa. Las personas con iniciativa están muy motivadas. Otro dato interesante que han arrojado diversos estudios es que solo usamos entre el 20 % y el 30 % de nuestra capacidad en el ámbito laboral. ¿Y por qué no desarrollamos más nuestra capacidad? La respuesta es sencilla: porque nos falta motivación.

Hace un tiempo conocí a un muchacho que había empezado una carrera universitaria, pero como los profesores criticaron a su familia en varias oportunidades, el joven abandonó los estudios. Él decía algo que me llevó a reflexionar: «Dejé de estudiar porque me criticaban.» Pero una persona no abandona algo porque la critiquen, sino porque el deseo de alcanzar ese objetivo tiene menos fuerza que las críticas que recibe. Es decir, si el deseo es más grande, más fuerte que los problemas, ningún impedimento puede contra él. Por eso, podemos asegurar que el obstáculo no está fuera sino en el grado de motivación interna que nosotros podemos tener.

Te ofrezco a continuación cuatro principios básicos para mantenerte motivado y conseguir que las críticas no logren detenerte:

1. Proponerse romper el patrón

Hay una regla que dice: «Es muy raro que el discípulo supere al maestro.» Pero nosotros podemos plantearnos el desafío de romper ese patrón.

Hay familias marcadas por la pobreza: bisabuelos pobres, abuelos pobres, padres pobres, que tienen hijos que seguirán «la tradición» de ser pobres. Sin embargo, cada uno de nosotros puede elegir si va a ser un eslabón más de la cadena o va a atreverse a romper el ciclo y superar a su maestro, a su antecesor. Quienes rompen patrones son personas motivadas, con ganas de superarse, dispuestas a desafiar los límites. Y son esas las personas que sobresalen.

2. Esperar grandes cosas

A quienes esperan grandes cosas en el futuro no los detienen las críticas. Las personas que esperan que el mañana sea mejor que el presente están motivadas, se preparan, estudian, avanzan, resuelven problemas, aceptan desafíos.

3. Respetar al otro

La gente busca respeto, ser bien tratada. Para que las críticas no te distraigan de tu objetivo, tienes que vivir motivado. Por eso, trata bien a las personas; porque cuando tú tratas bien a los otros, se sienten bien; y cuando la gente se siente bien, te trata mejor; y cuando te tratan mejor, estarás motivado para seguir progresando. La gente podrá olvidarse de lo que digas, pero nunca se olvidará de cómo los hiciste sentir. Dale premios en palabras.

4. Celebrar lo pequeño

Disfruta el camino, celebra con entusiasmo las pequeñas cosas de la vida, los logros, porque tal vez gracias a ese pequeño logro todas las puertas que estás esperando que se abran, se abrirán y en todos los caminos que emprendas, lograrás ganancias mucho mayores de las que hasta ahora obtuviste. Si tu meta es clara podrás celebrar cada paso que te acerca hacia ella, ninguna crítica podrá detenerte y nada impedirá que llegues al destino que te propusiste alcanzar.

Tenemos que aprender a motivarnos. Las caricias y el reconocimiento deben ser un *bonus track*, un detalle adicional en nuestra vida. Sé tu propio motor, mantente motivado y dirígete a tu meta. Cuando no dependas del aplauso y las críticas no te afecten, el éxito de tus proyectos estará asegurado.

6. ANTE LAS CRÍTICAS...

Sigamos el ejemplo de personas que han hecho tanto por el bien de la humanidad y han dejado un legado en la historia que aún hoy seguimos disfrutando. Ellos fueron criticados porque hicieron cosas, pero nunca retrocedieron sino que siguieron adelante en pos de sus sueños y alcanzaron la meta.

Sin lugar a dudas, te harán críticas, hagas lo que hagas siempre serás criticado. Los únicos que no han sido criticados ya están en el cementerio...

Como dijo el gran sabio Aristóteles: «No digas nada, no hagas nada, ¡no seas nada!»; sin embargo, aunque no hagas nada ni digas nada ni seas nada, habrá gente que te critique.

> Quien te habla de los defectos de los demás, con los demás hablará de los tuyos.
>
> **Denis Diderot**

Un viajero que se aproximaba a una gran ciudad le preguntó a una mujer que se encontraba a un lado del camino:

—¿Cómo es la gente de esta ciudad?

—¿*Cómo es la gente del lugar de donde vienes?* —inquirió ella a su vez.

—*Terrible* —respondió el viajero—. *Es mezquina, detestable en todos los sentidos, no se puede confiar en ella.*

—*¡Ah!* —exclamó la mujer—. *Encontrarás lo mismo en la ciudad adonde te diriges.*

Apenas había partido el primer viajero cuando otro se detuvo y también preguntó acerca de la gente que habitaba en la ciudad cercana.

De nuevo la mujer le preguntó al viajero por la gente de la ciudad de donde procedía.

—*Era gente maravillosa, honesta, trabajadora y extremadamente generosa. Lamento haber tenido que partir* —dijo el segundo viajero.

La sabia mujer le respondió:

—*Lo mismo hallarás en la ciudad adonde te diriges.*

*En ocasiones no vemos las cosas como son, las vemos como somos.**

¿Qué importancia vas a darle a los comentarios negativos de los demás?

- Ten en mente que la gente que critica no posee por lo general el cuadro completo de una situación, les falta información, por eso hablan de la manera que lo hacen.
- Considera la crítica una opinión, un gusto, no la tomes como algo personal. La próxima vez que alguien te critique, simplemente responde: «Muchas gracias por dejarme saber tu opinión, la voy a tener en cuenta.»

* http://www.anecdonet.com/modules.php?name=News&file=article&sid=266

Después de un concierto, un músico joven recibió malas críticas. El famoso compositor finlandés Jean Sibelius lo consoló dándole palmaditas en el hombro y diciendo: «Recuerda, hijo, no hay ninguna ciudad del mundo donde le levanten una estatua a un crítico.»

Por eso, pon en práctica esta técnica: *Si escuchas a alguien quejarse, ¡quéjate más que el quejica!*

El crítico siempre ganará enemigos —y a veces perderá amigos— ya que a nadie le gusta estar con quien critica todo o habla mal de los demás. Cuando escuches a alguien criticar a otra persona, ¡huye!, porque si hoy habla mal de otro, mañana hablará mal de ti. No prestes tus oídos a las críticas desagradables, no te involucres en conversaciones que ataquen la forma de ser o de actuar de terceros. Recuerda que todo aquello que sembramos, tarde o temprano lo cosechamos, sea bueno o sea malo.

7

LAS OFENSAS

1. ME DUELE LO QUE ME DIJISTE

Una persona madura es aquella que tiene la capacidad de no desanimarse ni sentirse afectada cuando la ofenden, insultan, desprestigian, cuando le gritan o la maltratan. Conocí a muchas personas que tenían sueños grandiosos pero, porque un ser querido, el suegro o el amigo las había maltratado o despreciado quedaron a mitad de camino y nunca lograron llegar a su destino.

Eleanor Roosevelt decía que nadie puede ofendernos sin nuestro consentimiento. ¿Te sientes ofendido a menudo? ¿Qué cosas te ofenden normalmente? ¿Te ofendes si no te saludan, si no te dan las gracias, si no te reconocen, si te insultan, si te critican, si se burlan de ti? Lo cierto es que todos, lo queramos o no, alguna vez ofendemos a los demás, ya sea de palabra o de

> Estos son mis mandamientos: decid siempre la verdad, procurad la paz y tratad a todos con justicia.
>
> **La Biblia**

hecho. Una ofensa puede producirse por algo que nos hicieron, o por omisión, algo que esperábamos que hicieran y no hicieron, y esta última aunque parece más sutil, puede ser tan dolorosa como una acción en nuestra contra.

Cuando alguien nos ofende, lo más importante es «el cebo», es decir, aquello que quien ofende hace para llamar nuestra atención.* Tal vez no quiere hacernos daño sino solamente llamar nuestra atención para provocar una mala reacción emocional. En este punto, el dolor pasa a ser secundario: lo que el maltratador busca es atraer nuestra mirada. De esta forma, lo que hace es desviar sus propios conflictos hacia otro lado.

2. ¿CÓMO REACCIONAR ANTE UNA OFENSA?

En algún momento de nuestra vida alguien, a través de palabras o de acciones, nos ofenderá. Ofenderán a tu familia, a tus amigos, te criticarán, negarán el saludo, calumniarán. Pasará, pero serás tú quien decida que nadie nunca más volverá a ofenderte. Cuando te ofendan, podrías responder de distintas maneras:

- *Levantar un escudo invisible.* Imagínate que las palabras rebotan o ignóralos. Si alguien te dice: «¡Qué cara tienes hoy!», responde, por ejemplo: «¿El veintidós pasa por Plaza Cataluña?» Ignóralos, no intentes rebatir la ofensa, porque quien pretende ofenderte tiene un problema sin resolver.

* Suzette Haden Elgin, *The Gentle Art of Verbal Self Defense*, Dorset, Nueva York, 1980.

- *Mostrarte como si esas palabras te hubieran descontrolado.* Así quien quería ofenderte optará por irse.

- *Agradecer el comentario.* Por ejemplo:
  —¡Qué mal vestido estás!
  —¡Me encanta tu profundidad y tu sabiduría! De mayor quiero ser como tú.

Muchas de las personas que agreden lo que esperan es que alguien les diga: «Muy bien.»

Por eso, no asumas la posición de víctima, no busques la compasión de los demás. Tampoco expliques por qué te sientes ofendido. El comportamiento habitual de aquella persona que se siente víctima de las circunstancias es llorar todo el tiempo, contar a todo el mundo lo que le hicieron y quejarse continuamente. «Es que yo pasé por tantas cosas; si supieras la historia de mi vida, te darías cuenta de por qué me dolió lo que me hizo.» «Es que soy tan sensible; a mí me maltrataron mucho, por eso esto me ofende...» Destierra de tu vocabulario para siempre frases como: «Me utilizaron», «No me dejan», «Me lastimaron».

La acción ofensiva es como un taladro que dispara clavos de ofensa. Si esta última ha llegado tan profundamente como para quedar clavada en el corazón, permanece como una obstrucción que causa dolor y debilita [...] Podemos decir que no tenemos responsabilidad por la acción ofensiva, pero sí por permitir albergar en lo profundo de nuestro ser la ofensa, y lo que nos corresponde es guardar sobre todo nuestro corazón.*

* Edith Frangoso de Weyand, *Zona libre de ofensa*, Xulon Press, Maitland, Florida, 2008.

Evita caminar con personas ofendidas porque, como dice una frase del libro de Proverbios: «No te metas con el iracundo ni con el de enojos, no sea que aprendas sus maneras.»

Cuenta una historia, que un piel roja que vivía en una reserva fue a una ciudad cercana a visitar a un hombre blanco al que lo unía una vieja amistad. Una ciudad grande, llena de coches, de ruidos, de multitud de personas apresuradas era algo nuevo y desconcertante para él. Iban los dos amigos paseando por la calle cuando, de repente, el piel roja tiró a su amigo de la manga y le dijo:

—¡Un momento! ¿Oyes? ¡Escucho el canto de un grillo!

—¿Un grillo? —preguntó el hombre blanco, aguzando el oído. Después, meneó la cabeza—. Lo único que oigo es el ruido del tráfico. Me parece que estás en un error, amigo, aquí no hay grillos... Y, en el caso de que los hubiese, sería imposible oírlos en medio de este estruendo.

Pero el piel roja avanzó unos pasos, y se detuvo ante la pared de una casa donde crecía una vid silvestre. ¡Allí estaba el grillo!

—Está claro que solo tú podías oír al grillo. Eres piel roja, los hombres como tú tienen el oído más desarrollado que los blancos —dijo su amigo.

—No estoy de acuerdo. Te voy a demostrar algo —respondió el piel roja.

A continuación metió la mano en el bolsillo, sacó una moneda, y la dejó caer sobre la acera. Al chocar con el asfalto se la oyó tintinear. En varios metros a la redonda las personas miraron a uno y otro lado, tratando de detectar de dónde provenía el sonido. El hombre recogió la moneda y dijo:

—Nuestro oído no es mejor que el vuestro. Simplemente, cada uno oye bien solo aquello a lo que le da importancia.*

¡Qué gran verdad nos enseña este cuento! Cada persona oye lo que quiere oír. ¿Qué oyes? ¿Te ofendes con facilidad por lo que los demás dicen de ti? ¿Analizas minuciosamente cada frase que te dicen? Si es así, tal vez necesites entrenar tu oído, reaprender a escuchar a quienes te rodean con sabiduría y con objetividad y no basándote en tus emociones heridas.

La historia suena más o menos así: hubo una vez una ofensa, la ofensa inyectó odio y el odio generó ira. Como creemos que odiando nos defendemos y castigamos a nuestros ofensores, entonces repasamos la ofensa y ponemos más ira al odio y más odio a la ira. Estamos tan ocupados alimentando el odio y la ira que no vemos la realidad: tal ocupación no nos deja ser felices.**

El agua, a los noventa y nueve grados, es solo agua caliente. Cuando alcanza un grado más hierve y su vapor puede mover calderas, locomotoras, mover el mundo. Si sientes que últimamente todo te ofende, tal vez necesites agregarle al agua de tu vida ese grado de pasión que le falta.

Cuando una persona vive ofendida se entrega al tormen-

> Quien vive ofendido, vive atormentado.

* http://www.laureanobenitez.com/cuentos_con_valores.htm
** Edith Frangoso de Weyand, *Zona libre de ofensa*, Xulon Press, Maitland, Florida, 2008.

to de sus propios pensamientos destructivos y alguna gente la verá como un blanco fácil de lastimar.

Una persona ofendida siempre sufre; por eso tienes que cuidar tu vida y procurar que nada te ofenda. Porque cuando uno se ofende fácilmente, esa ofensa tendrá un peso tal sobre su vida que vivirá con angustia, oprimido y al mismo tiempo frustrado porque la ofensa habrá lastimado tus emociones. Una persona que camina por la vida con la sensación de haber sido lastimada no puede relacionarse bien con el mundo que la rodea.

El peligro de la ofensa —si no la afrontamos como corresponde— es que puede conducirnos al resentimiento. Tú estás amargado y quien te ofendió sigue caminando feliz por la vida. ¡Nadie es digno de quitarte el sueño una sola noche! Nunca pases una noche pensando en lo que esa persona te dijo.

Una persona resentida queda atada al pasado, a lo que le hicieron, considera que la vida es injusta con ella y hasta puede comenzar a albergar sentimientos de venganza. Perdonar nos liberará de esa pesada carga que suele ser el resentimiento, nos permitirá dejar atrás el pasado y seguir hacia nuestra meta. *Cuando ya nada ni nadie te ofende, es porque pasaste a otro nivel.* Ya no vives atado a la palabra ni a la opinión de nadie, solo a tus sueños y al propósito de tu vida. ¡Sé libre de todas las ofensas!

3. ¡ADIÓS, ENOJO!

Cada vez que nos enojamos mucho, perdemos. Quien se enoja pierde. Perdemos en primer lugar las cosas buenas, las bendiciones. El enojo te quita el sueño. El enojo no te deja dar el siguiente paso. El enojo siempre nos hace perder.

El enojo también nos hace perder las relaciones. ¿Cuántas parejas se han roto por estar enojados? El hombre violento, maltratador, pierde a su mujer, a su familia. Lo mismo pasa con los padres que han discutido con sus hijos, los hermanos que se han peleado entre ellos, porque el enojo conduce a perder la relación de pareja, la de padres e hijos y la que se mantiene con los amigos.

En un centro de Carolina del Norte se descubrió que la gente que se enoja pierde posibilidades de ser ascendida en el trabajo y es despedida de su puesto. Por lo tanto, enojarse también lleva a perder dinero. Esto empeora la situación y nos cuesta más resolver problemas difíciles. Cuando estamos enojados la capacidad de actuar efectivamente disminuye, quien reacciona así no puede pensar con claridad.

Una buena manera de no enojarse tanto es expresar las pequeñas frustraciones para no ir reuniendo malestar hasta explotar. Por eso las mujeres se enojan menos que los hombres, porque las mujeres hablan. Los hombres no hablamos de nuestros problemas. Tenemos que empezar a hablar; pero hablar palabras de paz, porque esa paz de la que hablamos genera más paz.

Y si estamos enojados, no hablemos. ¿Podemos estar enojados? Sí. ¿Es malo estar enojados? No. El problema está en hablar enojado, porque entonces lo que haremos es generar adrenalina y la adrenalina no quiere hablar: quiere lastimar, quiere descargar.

El dueño de la empresa le gritó al administrador porque estaba enojado; el administrador llegó a su casa y le gritó a la esposa que gastaba mucho dinero; la esposa le gritó a la empleada porque esta rompió un plato; la empleada le pegó al perro porque la hizo tropezar; el perro salió corriendo y mordió a una señora que iba por la ace-

ra; la señora fue al hospital a vacunarse y cuando el joven médico le puso la inyección, le dolió y ella le gritó; el joven médico llegó a su casa y le gritó a su madre porque la comida estaba fría; su madre le acarició los cabellos y le dijo: «Hijo querido, te voy a preparar tu comida favorita. Trabajaste mucho hoy, tienes que descansar. Te quiero. Hasta mañana.» Y así fue como el amor de una madre cortó ese círculo de gritos.*

Entonces, cuando estemos enojados u ofendidos, no hablemos. Pensemos: «No es el fin del mundo lo que está pasando, esto también va a pasar, algún día me voy a reír de esto.»

Y si la otra persona está enojada o se ha ofendido, tampoco hables. Si alguien está muy enfadado, no le digas: «No te enojes», porque le molestará. No culpes, no amenaces, no diagnostiques, no sermonees, no des un ultimátum, no ridiculices. Porque cuando uno está enojado, la adrenalina no nos deja pensar. La solución del problema depende del que no está enojado. Como dijimos, no está mal enojarse, lo malo es hablar cuando lo estamos, porque le agregamos al problema que tenemos la cuestión de lo que vamos a decir en ese estado.

Cuando el otro está alterado necesitamos escuchar y hablar lentamente. No se puede estar enojado y hablar despacio. Y hay una frase extraordinaria para bloquear el enojo de los demás que es: «Dime qué puedo hacer para ayudarte.» Estas palabras hacen que quien está enfadado no se concentre en cómo responder sino en cómo resolver el problema.

* http://www.taringa.net/posts/info/15773889/El-circulo-del-odio.html

No tenemos por qué ser más fuertes que los demás, tenemos que ser más sabios que los demás. Deja que otros sean los más fuertes, que tengan razón aunque no la tengan, pero sé más listo, abraza la sabiduría, porque la sabiduría siempre te traerá excelentes resultados.

No te muevas por impulso cuando estés enojado, muévete por sabiduría. Por eso, cuando estés enfadado, cuando te sientas agredido, ofendido, «piensa» antes de reaccionar. Ante esta sociedad en la que vivimos, necesitamos pensar.

Tomemos distancia y, cuando el enojo haya pasado, cuando la ofensa ya no nos duela, estaremos listos para hablar o para decir: «Mañana te llamo y hablamos.»

Quien tarda en enojarse acaba con la discusión. Estemos prontos para oír, tomemos nuestro tiempo para hablar y seamos lentos para enojarnos.

4. TRES CUALIDADES DE QUIENES NO SE DEJAN OFENDER

1. Habilidad para negociar

Las personas que no se ofenden tienen habilidad para negociar. La gente que logra su objetivo, no lo alcanza solo porque tiene capacidad sino porque supo negociar. Aplica este criterio a tu trabajo: tus superiores no son mejores, son los que negociaron mejor que tú. En cualquier ámbito, muchas veces nos preguntamos: «¿Cómo hizo esa persona para llegar ahí?» Debes saber que no llegó exclusivamente por mérito sino porque supo negociar mejor.

Aprendamos a negociar. Negociar no es hacer trampa, no es mentir, no es engañar. *Negociar es tener la habilidad y la sabiduría para llegar adonde queremos llegar.*

Es muy importante negociar primero con uno mismo porque si yo no negocio bien conmigo, ¿cómo voy a negociar con el otro? Tengo que empezar por preguntarme: ¿Qué es lo que quiero? ¿Me merezco lo que voy a pedir? Si yo creo que no me merezco que las cosas me vayan cada vez mejor, ¿cómo voy a pedir un aumento de sueldo? Hasta que no estemos seguros de que merecemos lo que deseamos y no aprendamos a negociar con nosotros mismos, no podremos salir a negociar con los demás.

Un general del ejército llama a un soldado y le dice:
—Soldado, ¿tiene cambio de un dólar?
—Sí, claro.
—¿Cómo se atreve a decirme «sí, claro»? ¡Usted debe decirme «¡Sí, señor!», porque yo soy su superior, ¡yo soy su «señor»! Ahora, soldado, le pregunto de nuevo: ¿Tiene cambio de un dólar?
—¡No, señor!

Si tratas mal a otros u ofendes, no vas a poder negociar. Negociar no es ser blando ni duro. No puedes decir «aquí mando yo» y romper todo. Tampoco puedes renunciar a enfrentar una situación porque no te quieren, porque te miraron mal. Negociar es ir hacia aquello que te dijeron que no se podía lograr y conquistarlo con sabiduría.

Negociar quiere decir: «No estoy en tu contra, estoy a tu favor, para que ganemos ambos.»

Cuando encaramos una negociación no tenemos que ir a «derribar» a nadie, no tenemos que mentir. Para negociar tenemos que comprender la mentalidad de la otra parte, saber qué es lo que el otro quiere, qué es lo que yo quiero, y tener la sabia habilidad de buscar la solución para que todos quedemos conformes.

2. Habilidad para atraer cosas buenas (persecución positiva)

Cada vez que el enojo no nos gane la partida estaremos desarrollando una mentalidad fuerte y cuando lo consigamos, todo lo bueno vendrá a nuestro encuentro. Una persona con mentalidad ganadora dice: «Aquí me va a ir muy bien»; «Hoy seguro que me felicitarán»; «Esto va a ser un éxito». Tienes que motivarte y ser feliz. Nunca esperes que los demás te hagan feliz. No buscamos formar parejas para ser felices sino que, porque somos felices, buscamos al otro para compartir tanta felicidad. No son las cosas las que nos hacen felices, sino nuestra alegría, nuestra esperanza de todo aquello que estamos proyectando alcanzar.

3. Habilidad para ser la mejor versión de nosotros mismos

Un pintor llamado Renoir tenía artrosis en las manos y por eso cuando pintaba le dolían muchísimo. Una vez le preguntaron por qué seguía pintando si el dolor era tan fuerte, y él respondió: «El dolor pasa, pero la belleza queda.»

¿Qué significa esto? Que cada uno de nosotros necesitará seguir pintando su vida, no importa que una ofensa nos haya dolido, tenemos que saber que no somos lo mejor, pero seremos lo mejor que podamos ser. No busques gente perfecta, busca gente que diga: «Voy a ser lo mejor que pueda.» Esfuérzate por ser lo mejor que puedas ser, pon el cien por cien de lo que tienes, de tus ganas, de tu actitud y tendrás tu recompensa.

Y podrás lograrlo cuando las ofensas ya no te afecten. Nadie tiene autoridad ni poder para lastimar tu corazón. Concéntrate, persigue tus objetivos, tus sueños, porque si la ofensa tiene el poder de detenerte, mientras permanezcas llorando, los otros estarán negociando y ascendiendo. Tienes que dirigirte a la meta. Perdona a quien te ha ofendido, seca tus lágrimas, sigue adelante, concéntrate en la meta, imagínate en esa cima que quieres alcanzar.

8

LOS RECHAZOS

1. EL DOLOR DE NO SER QUERIDO

Para el ser humano no hay experiencia más devastadora que el rechazo. En especial, el que recibe en los primeros años de vida o cuando aún está en el vientre de su madre. Tanto sea que nos rechacen directa o indirectamente, el hecho de no ser tenido en cuenta, valorado, amado, respetado y querido, lastima.

El rechazo «directo» es el caso de los padres que dicen a los hijos: «No te quiero», «No fuiste deseado», «Yo quería un varón, no una nena», «No sé para qué te traje al mundo», «No tienes derecho a existir», «Nunca llegarás a nada», etcétera. Por su parte, el rechazo «indirecto» se produce por la muerte de alguno de los padres, por sobreprotección, o por un divorcio o separación. Aunque la persona tal vez no se haya ido voluntariamente, o no se dé cuenta de que tiene una actitud sobreprotectora, el niño vive la situación como un rechazo porque siente que no lo quieren. Freud decía que «lo opuesto al amor no es el odio, sino la indiferencia».

Si usted tiene miedo al rechazo, tiene una memoria selectiva que necesita ser cambiada a un nuevo canal. Sí, es cierto que usted ha sido rechazado por otros en el pasado. Pero ¿y cuántas veces ha sido aceptado? ¡Ahí están! ¡Créalo! ¡Mírelo!*

A través de un estudio realizado por la Universidad de California se llegó a la conclusión de que el rechazo produce en el cerebro la misma reacción que el dolor físico. *El rechazo duele.* ¿Por qué? Porque el mensaje que hay detrás de él es: «No te quiero.»

No debemos confundir el rechazo con el abandono, cuyo mensaje es: «Te quiero pero no puedo estar contigo.» Dicho de otro modo:

Abandono es: No puedo tenerte conmigo.
Rechazo es: No quiero tenerte conmigo.

El rechazo es más doloroso que el abandono. Cuando una persona abandona a otra es porque hay algo en ella que le impide quedarse. El rechazo, en cambio, es una manera de decir que podría quedarse pero no quiere hacerlo.

¿Qué pasa cuando somos rechazados? ¿Por qué nos quedamos estancados en el rechazo?

La persona rechazada queda detenida en esa etapa emocional en que recibió el rechazo. El tiempo pasa, pero el tiempo emocional se detiene. Hay una herida abierta, y esa herida abierta levanta un muro, una pared para protegerse, para no volver a ser lastimada. De manera consciente o inconsciente quien ha sufrido el rechazo utiliza una

---

* Norman Wright, *Libérese del temor. Un proceso para reclamar su vida*, Caribe Betania, Nashville, 2005.

forma de relacionarse perjudicial para sí mismo y para su entorno.

El rechazo lastima de tal manera a la persona que su estima queda dañada. Para explicar qué es la estima podemos decir que se compone de «dos brazos»: uno que llamamos «dignidad» y otro, «eficacia».

Dignidad es el valor que tiene una persona por el solo hecho de serlo. Reconocer ese valor le permite creer que merece determinadas cosas.

Eficacia es el resultado de aplicar productivamente la capacidad.

Muchas veces encontramos personas que tienen «fracturado» el brazo de la eficacia, que dicen «no puedo». Creen que no llegarán a su objetivo porque no tienen la capacidad necesaria para hacerlo. Otras personas tienen lastimado el brazo de la dignidad, dicen no merecer nada. Y en los casos extremos ninguno de los «dos brazos» funciona. El rechazo que recibieron dañó tanto su dignidad como su eficacia.

Es interesante saber que, en términos generales, con respecto a la dignidad y al valor que una persona se otorga a sí misma tiene mucho que ver la madre. Tal vez porque culturalmente se asocian a la figura femenina. El padre enfatiza más el tema de la competencia, la capacidad, etcétera.

La estima es la suma de dos miradas: cómo me veo yo y cómo me ven los demás. ¿Qué sucede cuando una persona tiene la estima baja, cuando se siente menos que otros? Algunas personas dicen tener la estima baja. Otras no lo dicen, intentan ocultarlo y se presentan con distintas «máscaras»; por ejemplo, aquellos que se sienten superiores, esas personas que permanentemente se pavonean.

Hay quienes tapan sus problemas de estima con timidez, se aíslan ya que tienen miedo a ser evaluados negativamente, a ser juzgados, se protegen con el aislamiento. El chisme es otra de las formas que se utiliza para tapar el problema. Personas que no tienen resueltas sus propias historias, que sienten un gran vacío interior, una gran soledad emocional, se alimentan de las historias de los demás.

La envidia también se relaciona con la baja estima y con el rechazo, porque el envidioso se compara y cree que no puede alcanzar lo que el otro consiguió, no es consciente de la capacidad y del potencial que están en su interior.

En algunos casos, la baja estima lleva a la violencia: el violento es una persona insegura, que fue rechazada. Quien nunca fue valorado pensará que el otro siempre es mejor que él y en casos extremos la situación puede provocar una agresividad que no es capaz de controlar.

Cuando alguien lo rechace, recuerde que no significa que usted sea inútil. Cuando usted realmente hace algo que es desagradable o irreflexivo, separe sus acciones de su valor como persona.*

2. SÍNTOMAS DE UNA PERSONA QUE HA SUFRIDO RECHAZO

- *Siente rabia hacia aquellos que son reconocidos, hacia quienes tienen más éxito que él en la vida.* ¿Qué sientes tú cuando a alguien le va bien? ¿Qué sientes cuando un compañero de trabajo prospera más que tú

***

* Reneau Peurifoy, *Venza sus temores*, Robinbook, Teià, 2007.

o cuando la empresa de otro crece más rápido que la tuya? ¿Qué sientes cuando aplauden a otra persona y tú pasas desapercibido? El hecho de que te moleste que a otro le vaya bien —y a ti no tanto— puede esconder un rechazo encubierto.

- **Critica a la gente que tiene éxito en su vida.** No solo se enoja porque al otro le vaya bien, sino que habla mal de esa persona. «Hummm..., hay algo que no parece estar del todo bien, no idealicemos... Habrá que ver cómo lo logró.» La persona rechazada muchas veces se convierte en juez: habla mal de los demás y critica hechos y situaciones.

- **Rechaza al otro por miedo a sufrir él un nuevo rechazo.** Critica a quien lo trata bien; aleja con sus actitudes y comportamientos a quien lo quiere. Las personas heridas por un rechazo evitan a quienes los tratan bien. Aunque alguien se acerque y les dé cariño, les demuestre comprensión, ellos terminan criticándolo. Y en general, hacen esto de manera inconsciente para ser nuevamente rechazadas y que el otro sea «el malo».

- **Lleva la cuenta de los maltratos que ha sufrido.** «¿Cuántos regalos me dieron?», «¿Cuántas veces pagó la cuenta?», «¿Cuántas felicitaciones recibí?», «¿Cuántas veces me llamó?», «¿Cuántas veces me dijo que me ayudaría?»

- **No puede crecer emocionalmente.** Una persona que fue profundamente herida por un rechazo suele estancarse emocionalmente a la edad en la cual sufrió ese rechazo. Por eso, es tan común ver a personas adultas comportarse como niños en sus relaciones personales.

- **Busca continuamente la aprobación de los demás.** ¿Cómo lo hace? Busca reconocimiento: ser líder, jefe, etcétera. «Yo estoy para cosas grandes», dice. Anhela figurar, ser nombrado, admirado, reconocido públicamente. Pretende acceder a ciertos círculos, ser el asesor, el amigo del jefe. Dice cosas como: «¡No salí en la foto!», «No tuve cartel».

- **Es muy sensible.** La persona que fue rechazada siente que todos la hieren y que nadie reconoce su enorme esfuerzo. Su mundo gira en torno a la aprobación que consigue, o no: «¡Todo lo que hice y nadie me lo reconoce!», «No me saludaron», «Ni siquiera me miró». En realidad, estas personas no tienen la intención de servir a los otros, lo que hacen solamente lo hacen para ser reconocidos y apreciados.

- **Es sumisa.** Se comporta como si fuera un eco:

  —Hay que ser del Barça.
  —¡Claro, del Barça!

  —¡Mira cómo llueve!
  —¡Sí, cómo llueve!

  —Yo diría que enseguida saldrá el sol.
  —Sí, es verdad, saldrá el sol.

  Parece no definirse ni tener una postura u opinión propias. Repite como un eco la opinión ajena, no se atreve a decir lo que piensa por miedo a ser rechazada. Por eso, siempre está tratando de agradar, intentando ser aprobada y recibir un poco del afecto que no tuvo antes.

- *No puede echar raíces.* Ya sea que se trate de una relación de pareja, un trabajo, una Iglesia o un club. Las personas rechazadas están de paso por los buenos lugares y se alejan de las personas bondadosas. Como tienen una baja autoestima, no se creen merecedoras de disfrutar lo mejor que la vida tiene para ellas y hacen todo lo posible por boicotear sus propios logros.

- *Ignora sus propios deseos, sus emociones.* Lo único válido para este tipo de persona son los deseos de los demás, lo que los otros deciden hacer y quieren. Se trata de personas negligentes que muestran desinterés, desidia, apatía, desgana e indolencia en sus actos cotidianos. Todo les da igual. Este comportamiento puede tener su raíz en el hecho de que uno de los progenitores —la madre o el padre— maltrató psicológicamente al otro cónyuge o a los hijos, y aquel que sufrió el maltrato no protegió su propia salud emocional ni la de los niños, lo cual fue una negligencia por su parte. Por ejemplo, podemos advertir la indiferencia de una persona rechazada cuando esta hace un regalo sin poner ningún interés en su elección, o cuando descalifica lo que otro hizo con verdadero esfuerzo.

- *Practica el silencio castigador.* Aunque no lo parezca, el silencio es también una forma encubierta de agresión. Aquí no nos referimos a que una persona se mantenga callada porque desconoce un tema, porque necesita tiempo para pensar, o simplemente porque está a gusto en silencio o está preocupada por algo. La clase de silencio de una persona rechazada es por lo general un castigo hacia los demás y la manera de mantenerlos fuera de su vida. El rechazado suele mostrar indiferencia o desinterés al relacionarse con la gente. No es un rechazo abierto, pero su pensamiento inconsciente es: «Si a mí me rechazaron, yo no quiero saber nada de ti y me mantengo a distancia, no intentes ingresar en mi mundo.»

- *Es fría e incapaz de dar afecto.* Suele negarle el afecto a su pareja, puede ignorarla o amenazarla incluso con romper la relación. Por ejemplo, no le presta atención mientras habla, se niega a mantener una conversación con ella, rechaza cualquier gesto de cariño y hasta puede irse de la casa. Algunos agreden pasivamente, prometen cosas que después no cumplen, como anunciar que van a presentarse y luego no aparecer.

En el sur de África, la tribu Babemba tiene una forma fascinante de combatir los sentimientos de rechazo. Si un miembro de la tribu actúa irresponsable o injustamente es conducido al centro de la villa. Todos los habitantes dejan de trabajar y se reúnen formando un gran círculo a su alrededor. Cada persona, sin importar la edad, toma su turno para hablar, cuenta en voz alta las cosas buenas que ha hecho en su vida el miembro de la tribu que tuvo una actitud incorrecta. Hacen referencia de forma precisa y detallada a sus buenos atributos, sus fortalezas y su bondad. No dicen una sola palabra acerca de la irresponsabilidad o conducta antisocial. La ceremonia, que a veces dura varios días, no acaba hasta que cada expresión positiva haya sido manifestada en la asamblea. Al terminar, la persona es bien recibida otra vez en la tribu. ¿Es posible imaginar la ola de sentimientos que esta persona experimenta durante la bienvenida de su tribu?

«¿Puedes imaginar cómo te sentirías si un grupo de personas te afirmara de esta manera?»*

> Trata a tus empleados como quisieras que estos trataran a tus mejores clientes, y lo harán cuando tú no estés presente.
>
> Stephen Covey

Las personas que han sufrido un profundo rechazo lo hacen todo en busca de reconocimiento y viven frustrados, porque cuando el reconocimiento es la motivación, su autoestima estará en manos de los demás y de los otros dependerá que se sientan bien o mal. Debemos ser conscientes de que no toda la gente nos querrá, hagamos lo que hagamos. El rechazo es una cuestión estadística, entre diez personas, unas te querrán, otras te rechazarán, algunas sin conocerte hablarán mal de ti. Cuando alguien nos rechaza tenemos que seguir adelante. Si eres vendedor o mandas tu currículum y te responden «NO» una vez más, sigue adelante, ¡será el próximo!

Para que nuestra motivación no dependa de ese diez que mamá o papá nos daría, necesitamos crecer, afirmar nuestra estima. Una vez leí que los diamantes valían por el brillo, que cuanto más brillo tenían, más valiosos eran. Y el brillo de-

> Transformemos el No en motivación, porque alguien nos va a decir que Sí.

* Norman Wright, *Libérese del temor. Un proceso para reclamar su vida*, Caribe Betania, Nashville, 2005.

pende de los cortes que se le hagan. Esto es aplicable a nuestra vida. ¿De qué forma? Comprendiendo que cada herida, cada rechazo que hayas experimentado hará que tengas más brillo, y más resistencia.

Cada vez que tengas en mente como objetivo comenzar un proyecto, habrá quienes lo rechacen, los «opinantes del caos» te dirán que no va a funcionar. Sin embargo, cuando ese sueño y tú seáis uno, no importará lo que digan u opinen otros, vas a seguir hacia tu meta.

En un libro muy interesante que se llama *Los cinco lenguajes del amor*, escrito por Gary Chapman, el autor dice que hay cinco maneras de expresar el amor. Son cinco semillas distintas y cuando uno siembra una de estas semillas, ata a la persona para la bendición, para lo mejor. Y me pareció tan bonito, tan motivador este libro que quisiera compartir contigo esas cinco maneras.

1. *Valorar.* Es dar una palabra que ayude al otro. Pero la palabra no tiene que ser general, no se trata de decir: «Qué buena persona eres», «Siempre me ayudas», o «Eres maravilloso». Hay que ser más específico: «Me impresiona tu amabilidad», «Me encanta el orden con que haces todas las cosas». Es decir, una palabra que cause efecto. Y dice el doctor Chapman que esa palabra específica tiene que ir unida a una palabra de admiración que felicita a la persona por lo que está haciendo. Hay que decir «admiro tal cosa». Y este elogio hay que hacerlo por escrito, en privado y en público.

Leí que en cierta ocasión Henry Ford tuvo un encuentro con Thomas Edison, el gran inventor. Ford le dijo que quería inventar una batería para fabricar un coche al que todo el mundo tuviera acceso. Y Edison le contestó: «Lo vas a lograr.» Pasaron muchos años y a Edison se le quemó el galpón donde hacía sus experimentos. Cuando sucedió, Henry Ford ya había inventado la batería y decidió enviarle 750.000 dólares de regalo. Y le dijo: «Te envío este regalo porque un día me dijiste que lo iba a lograr. Y estoy devolviéndote lo que hiciste por mí, porque gracias a tu comentario pude inventar la batería.» Validación.

2. *Dar tiempo de calidad.* Aunque sean solo cinco minutos, si se dedican a escuchar y mirar a los ojos en lugar de hablar, el otro siente que se vuelve visible. Nuestros hijos, nuestros padres, nuestros compañeros de trabajo necesitan que los miremos y que los escuchemos. Las personas no están acostumbradas a que otros les dediquen tiempo de calidad. Si lo hacemos, el impacto será muy grande.

3. *Dar servicio.* Significa pensar: ¿Qué puedo hacer para ayudarte? Mañana, cuando vayas al trabajo, sorprende a tu compañero o a tu jefe diciéndole: «¿Qué puedo hacer para ayudarte?» Se sentirán impresionados. Y cuando lo hagas, cuando ofrezcas ayuda, no esperes nada del otro. Si ayudamos con mala cara, con resentimiento o fastidio, los resultados serán insatisfactorios tanto para el que da como para el que recibe.

4. *Dar un regalo.* Se trata de un regalo distinto de los que hacemos casi por obligación en determinadas fechas. Pensemos en un regalo que pueda agradar especialmente al otro. Pensemos qué le gusta al otro, a tu pareja, a tu hijo, etcétera, y demos algo que les guste.

Ese regalo es otra manera, otra forma de expresar cariño.

5. *Hacer caricias.* Las personas necesitan que alguien les exprese cariño.
La caricia física, el abrazo, una palmada, un apretón de manos, tiene un efecto extraordinario.

Por eso, no importa lo que hayas vivido. Si aplicas estas leyes, con toda seguridad: te valorarán, dedicarán tiempo de calidad, ayudarán, harán regalos y acariciarán.*

Cambiemos la palabra «rechazo» por «deseo». Cuando alguien nos rechaza es que tenía, sencillamente, otro deseo.
Si somos aplaudidos, reconocidos, bienvenidos sean los aplausos y el reconocimiento, pero lo más importante es que sepas que tu objetivo no es agradar a los demás, sino tratar a los otros como esperas que te traten a ti, y saber que a pesar de cualquier rechazo que hayas vivido, tu vida tiene un propósito y destino y solo tú puedes trabajar para mejorar tu vida.

* Gary Chapman, *Los cinco lenguajes del amor,* Unilit, Miami, 1992.

9

LAS MENTIRAS

1. HABLAN Y HABLAN, NO PARAN DE HABLAR

La comunicación oral es la más antigua. Lo que hoy sabemos se fue transmitiendo de generación en generación por medio de la palabra. Así se conservaron las culturas.

En otros tiempos, los mensajes se daban a conocer a través del famoso «boca a boca». Lamentablemente ese boca a boca hoy se usa para contar chismes, mentiras que el único objetivo que tienen es lastimar al otro. La mentira y el chisme son dos maneras de comunicarnos y de relacionarnos a través de palabras que hieren, destruyen, aunque suenen seductoras y de alguna manera nos «envuelvan».

«Un simple rumor puede aplastar a un enemigo con más fuerza que un cañón.»* El rumor tiene como objetivo desprestigiarte, desestabilizarte y se transmite con la fuerza y la velocidad de un rayo, más aún en estos tiempos con el auge

---

* Santiago Camacho, *Calumnia, que algo queda*, La Esfera de los Libros, Madrid, 2006.

de las redes sociales. Los rumores tendrán vigencia mientras haya gente que crea en ellos, los escuche y los difunda.

¿Ya se ha dado cuenta de que el blanco de los chismes es siempre una persona influyente, prestigiosa, especial? Es difícil oír chismes de una persona humilde o desconocida. De ahí se concluye que, muchas veces, es la envidia la que causa los chismes.[*]

Los chismes abundan y destruyen. Se calcula que dedicamos el 70 % del tiempo que duran nuestras conversaciones a hablar de otras personas. También se estima que a medida que va pasando de unos a otros, la información se distorsiona. La quinta persona en oír algo dicho sobre otros recibe el mensaje distorsionado en un 70 %. Se ha descubierto que los hombres y las mujeres chismorreamos por igual. Y hay empresas que en vez de promocionar o hacer campañas de marketing de determinado producto, aprovechan el enorme poder del chisme para hacer correr rumores y destruir a la competencia.

El chismoso es una persona inmadura emocionalmente. Como no tiene valor para hablar de sí mismo habla de los demás: «Dicen que el jefe está enojado contigo porque lo haces todo mal.» Es una persona frustrada que tiene muchas frustraciones reprimidas y las libera hablando mal de otros. Una persona ociosa que no tiene propósito ni metas.

Los chismosos no solo traen y llevan información, sino que lo que piensan de ti te lo dicen en forma de chisme. Por ejemplo: «Dicen que tienes mucho dinero.» Es decir, pone en boca de otros lo que él mismo piensa.

[*] Carmen Seib, *Cómo afrontar y superar los chismes*, Editorial Paulinas, Barcelona, 2001.

El chisme nace de una voz que casi nunca se puede identificar. Pero esto no es lo importante, ya que el rumor es siempre una construcción de grupo espontánea y sin planificación en la que cada uno va agregando a su antojo, haciéndolo parecer generalmente más trágico e importante.

«¿Has visto? Me dijo Paula, que le dijo Eleonora, que escuchó a la secretaria del jefe cuando le contaba a la recepcionista que no hay aumento para nadie, solo para los que entraron "por enchufe". Y bueno..., ya te imaginarás quiénes son, ¿no?»

«Estoy seguro, en algo raro andan... Por eso consiguen tanto dinero, la fuente es muy buena.»

«Ella consiguió ese ascenso porque, según me contaron, tiene una relación con el jefe. El otro día los vieron muy acaramelados en el ascensor. Para mí algo pasa... Por eso progresó tan rápido.»

«Todo el mundo lo vio con su amante, todos lo saben... ¿Cómo, no lo sabías?»

El chisme es un gran destructor de vidas y generalmente nace en lugares como el baño, la cocina o algún sitio de la oficina, o en la iglesia, o en un organismo público o privado, donde la gente se reúne a tomar un café. Los horarios preferidos para chismorrear son la hora del almuerzo y los ratos libres. En la actualidad, las redes sociales y el chat se han convertido en un medio rápido y eficaz para esparcir chismes. Muchas pare-

> **Las palabras del chismoso son como bocados suaves que penetran hasta las entrañas.**

jas, amistades, familias enteras se han destruido por haber prestado sus oídos al chisme.

El Talmud dice que las palabras no son como la espada, sino como la flecha. Desenfundamos la espada, pero podemos volver a guardarla. La flecha, en cambio, una vez lanzada no puede volver al arco.

Ahora bien, ¿a quién podemos definir como una persona chismosa?

Chismoso es quien cree que transmitiendo una noticia, un pequeño chisme, se ganará la confianza y la aprobación de otros, además de obtener aliados.

¿Qué busca el chismoso? El placer de ser escuchado atentamente. En su afán de obtener prestigio, comentará las noticias que le llegan. Y como es una persona que no se conoce a sí misma, que no tiene proyectos propios, sueños, como no tolera hablar de sí mismo, habla de otros. Es una persona que no puede estar callada, siempre tiene que hablar de algo, tener algún tema de conversación, y no encuentra nada mejor que ¡hablar de los demás!

> **El chisme es también una forma de liberar la agresividad reprimida.**

Si en algún momento prestamos nuestros oídos al chisme o al rumor debemos ser conscientes de que con esta actitud estamos dañando a otra persona, juzgándola sin saber si lo dicho es cierto o no. Hay que tener presente que el rumor no solo habla mal de los demás, sino que también habla mal de quien lo propaga. Dar oído al rumor o al chisme es no darle al tiempo el verdadero valor que este tiene. Usemos el tiempo para construir, para bendecir, para acompañar, para ayudar, para nuestros sueños y nuestra familia. Cuando lo pongamos en práctica, los resultados serán maravillosos.

El chisme cobra vida cuando lo escuchamos. Entonces, la mejor manera de matar ese rumor es taparnos los oídos y decir: «La verdad es que no me interesa que me cuentes eso...» Y si es necesario, vayamos a la fuente. El chisme es veneno puro y si empiezas a chismorrear terminarás envenenándote. Las palabras construyen o destruyen.

En una ocasión Rabí Shimón le dijo a Tevi, su criado:

—¡Ve al mercado y cómprame un buen alimento para comer!

Tevi fue a la carnicería y compró una lengua de vaca. Regresó junto a Rabí Shimón y se la entregó, diciendo:

—He traído un buen alimento, como me lo ha pedido.

—¡Muy bien! —respondió Rabí Shimón—. Ahora ve y tráeme un alimento malo.

A Tevi le sorprendió la petición, pero no dijo nada y se dirigió de nuevo al mercado. En el camino pensó: «¿Por qué me habrá pedido mi amo que comprara un alimento malo? ¿De qué le servirá? Sin duda, con ello desea enseñarnos algo a mí y a sus discípulos. Pero ¿qué será?» Tevi meditó largo rato y de pronto entendió. Se dirigió nuevamente a la carnicería. ¿Y qué compró? Otra lengua. Volvió y entregó a su amo la segunda lengua que había comprado. Le preguntó Rabí Shimón:

—Dime, Tevi, ¿por qué has hecho eso? Cuando te pedí que me trajeras un buen alimento, me trajiste una lengua, y ahora que te he pedido un alimento malo, de nuevo me traes una lengua. ¿Acaso la lengua puede ser buena y también mala?

—En realidad, sí —contestó sabiamente Tevi—. Cuando la lengua es buena no existe nada mejor en el mundo, pero cuando es mala, no hay nada peor que ella. Si usamos nuestra lengua para hablar correctamente, sin duda es

*muy buena. Pero si por el contrario, maldecimos y aver-
gonzamos a nuestros semejantes, causándoles sufrimiento
y tristeza, claro está que la lengua es muy mala.*

*Se alegró mucho Rabí Shimón al ver que Tevi había
sabido qué aprender en el mercado, y rápidamente les
contó a sus alumnos lo sucedido para que ellos también
aprendieran a cuidar su lengua.* *

Cuando se echa a rodar un rumor parece difícil detener-
lo. Sin embargo, hay que decir: «¡Basta, hasta aquí llegaste!»
Y es mejor hacerlo antes de que sea tarde. Construyamos: ¡es
la elección más sana y beneficiosa para nuestro cuerpo,
nuestra mente y nuestro espíri-
tu! Elijamos el poder que cada
uno de nosotros le dará a las
palabras que salgan de nuestra
boca. Si reflexionamos sobre
nosotros mismos, veremos que
pronto dejaremos de hablar de los demás para dedicarnos
un poco más a nosotros.

> **Los chismes mueren cuando
> los oídos chismosos mueren.**
>
> Marcos Witt

2. ASÍ LO VEO YO

Todos captamos lo que sucede en el mundo exterior por
medio de nuestra percepción. Es imposible captar un hecho
que vimos o escuchamos total y objetivamente. Aprendamos a hablar, a «metacomunicarnos». Es decir, a «hablar de
lo que hablamos». Analicemos este ejemplo: imaginemos
que tu amigo te pide que lo invites a cenar, que prepares una
cena y tú le respondes que lo llamarás por teléfono para

* Talmud, Vaikrá Rabá 33.

— 134 —

acordar el día y la hora. Y al día siguiente, lo llamas y le dejas un mensaje en el contestador diciendo que lo esperas el jueves a las ocho de la noche. Cuando tu amigo llega a su casa escucha el contestador, pero resulta que no tiene grabado ningún mensaje. Y llega el jueves. Tú preparas todo para recibirlo, compras las bebidas, el postre, la carne y esperas a tu amigo... Pero como tu amigo no lo sabe, no asiste a la cena. Y claro, te pones furioso pensando por qué no fue y por qué ni siquiera te avisó de que no iría. Por su parte, tu amigo piensa: «¿Qué clase de amigo es este? Le pedí que me invitara, prometió llamarme y ¡nada! Se ve que le importo muy poco.»

¿Cómo termina esta historia? Los dos amigos sienten que el otro les ha mentido.

Si ambos no se sientan a «metacomunicarse», a hablar de lo que les pasó, jamás se resolverá la situación, se distanciarán sin saber qué fue lo que en realidad sucedió.

3. ¿POR QUÉ MENTIR?

La mentira es una conducta infantil que básicamente obedece a dos motivos: evitar un dolor u obtener un placer. Hay quienes mienten para sentirse más inteligentes o astutos. También, hay personas que lanzan rumores falsos con el objetivo de destruirnos, para desprestigiarnos, o por envidia.

El maltratador es un experto en el arte de mentir, usa la mentira como un arma de trabajo. Caiga quien caiga a él no le importa. Por eso, lo que importan son los actos y no las palabras.

El fabulador

¿Qué es un mitómano? El psiquiatra Eduardo Grande los define como aquellos que se mueven por la imaginación. Dice que el mitómano es un fabulador que crea su propia historia y actúa en consecuencia. Miente por cualquier cosa y es consciente de que miente, pero no busca con ello un beneficio, lo hace por el solo hecho de mentir: «La mitomanía tiene que ver con un trastorno compulsivo.»*

Si vamos a labrarnos nuestro futuro tenemos que hacerlo con lo mejor. Tenemos que ser quienes somos. Tenemos que decir siempre la verdad.

> **Nada es una pérdida de tiempo si se utiliza la experiencia sabiamente.**
>
> **Auguste Rodin**

Toda mentira oculta algo, pero no todo lo que se oculta es mentira. En nuestro entorno, nosotros elegimos a quién queremos contar ciertas cosas de nuestra vida privada. Necesitamos elegir a quién contar nuestros sueños, a quién haremos partícipe de nuestros proyectos, no todos están capacitados para escuchar nuestros logros y nuestros éxitos.

El engaño intencional

Di la verdad y nunca tendrás que recordar lo que dijiste.

Aunque en alguna ocasión hayamos mentido pensando que era lo mejor que podíamos hacer, tenemos que saber que la mentira es siempre una mentira y no existen las mentiras piadosas. La verdad es lo único que nos hace libres, lo

* Eduardo Grande, psiquiatra, director del Centro Médico Especializado en Salud Mental para Niños y Adolescentes. Presidente honorario de la Asociación Argentina de Salud Mental.

único que nos llevará a encontrar respuestas y soluciones a un problema.

Pero es necesario distinguir la mentira del equívoco: a veces surgen malentendidos porque dos personas ven las cosas de distinta manera, la interpretación puede variar de acuerdo a la percepción que tenemos. En la mentira no hay malentendido, hay voluntad de engañar, es decir, hay una intencionalidad.

El simulador

Uno de los motivos principales por los que las personas mienten es cuidar su imagen.

Simular es mostrar algo que no tenemos, y disimular es ocultar algo que tenemos.

> Los labios sinceros permanecen para siempre, pero la lengua mentirosa dura solo un instante.
>
> **Proverbios: 12**

4. ¿CONFIADO O DESCONFIADO?

La confianza es el «pegamento emocional» de los vínculos, no hay progresos sin ella. Existe una confianza básica, pero los seres humanos a veces nos situamos en sus extremos: la credulidad, por un lado, y la paranoia, por otro. Veamos cómo funcionan.

La credulidad

Hay personas que creen a cualquiera, de cualquier manera, cualquier cosa. Son los crédulos. No tienen capacidad de análisis crítico porque tienen lo que se llama el síndrome de la niña buena o del niño bueno. Estas personas creen que todos son como ellos, que les van a dispensar buen trato, amabilidad, etcétera. Se sienten culpables cuando piensan en sí mismos, porque les han enseñado que no tienen que ser egoístas, que tienen que querer, ayudar, confiar, dar, etcétera.

La paranoia

Es la desconfianza crónica. El paranoico siempre cree que hay engaño, «gato encerrado», algo escondido que tiene que descubrir. Este tipo de personas vive con una enorme dosis de ansiedad y está siempre alerta, busca la «trampa». Su objetivo principal es prevenir el ataque. Descalifica permanentemente a los otros porque piensa que detrás de cada frase seguramente hay algo oculto, una mentira. Y no solo eso, sino que su grado de narcisismo es alto porque considera que todos están equivocados menos él.

Por eso necesitamos actuar con sabiduría y desarrollar una confianza inteligente. Debemos actuar con confianza, pero también verificar los hechos. Stephen Covey describe en su libro *La velocidad de la confianza* algo muy interesante sobre las tres cosas que hay que tener en cuenta con respecto a una persona:

- **El carácter:** verificar que la persona es auténtica.
- **La capacidad:** asegurarnos de que esa persona está capacitada para desarrollar, por ejemplo, una actividad. Que un médico esté especializado en cierta rama de la medicina.
- **La química:** percibir qué sensación nos provoca el otro, es lo que llamamos «el sexto sentido». Aquéllos que han sido maltratados verbalmente tienen experiencia para detectar, intuir y guiarse por las actitudes de los otros. Sin embargo, las personas que desconfían suelen ser más engañadas que las confiadas, porque el

desconfiado vive en un estado de alerta permanente, de vigilancia y de ansiedad, no se toma el tiempo necesario para construir el vínculo. Esta construcción es fundamental y debe apoyarse en la verdad.

Todos, en mayor o en menor medida, hemos sido heridos en nuestra confianza, pero debemos transformar esta herida en experiencia para confiar inteligentemente, y darnos tiempo, porque la confianza no es algo que yo deposito sin más en la otra persona, sino que hay que desarrollarla, basándonos tanto en lo dicho como en las acciones.

En la Antigüedad, las vasijas se hacían con barro y se cocían al fuego. Algunas se rajaban y para no tirarlas las pegaban con cera, después las pintaban y las vendían. Cuando alguien les echaba agua caliente, la cera se derretía y la persona se quemaba. De allí surgió la idea de escribir dentro «vasija sin cera» cuando no estaba rajada, es decir, cuando era de una sola pieza.

Muchas personas evitan decir la verdad o tomar decisiones sin mala intención, no se atreven a hacerlo. La verdad tiene que decirse, porque es a través de ella como podemos construir los mejores vínculos. Reconociendo sabiamente que hay un tiempo para hablar y un tiempo para callar.

5. ¿CÓMO RECONOCER A UN MENTIROSO?

Escuchando lo que dice y cómo lo dice.*
• Dice frases como:
   «Te lo digo honestamente...»
   «Para ser totalmente franco...»

* http://www.ted.com/talks/lang/es/pamela_meyer_how_to_spot_a_liar.html

«A decir verdad, ...»
«No quiero que usted piense que yo...»
«Te lo juro por mi hijo...»

- Cuando habla necesita reforzar lo que está diciendo para ser creíble. Si dice «no», no lo dirá una sola vez sino que dirá: «No, no, no, no.» Con solo un «no» hubiese sido suficiente, pero el mentiroso necesita afirmar lo que dice.
- Evita decir «yo» y «a mí».
- Evita mencionar a las personas por su nombre. Por ejemplo: «No tuve relación con esa mujer.»
- Dice: «Lo voy a intentar.»
- Narra cronológicamente todo y con muchos detalles.
- A medida que habla baja el tono de voz.
- Sonríe a medias.
- Te alaba demasiado.

Pero estar atentos no significa vivir en alerta constante. Algunas personas consideran que todos son mentirosos: la esposa miente, el jefe miente, su amigo miente, su hijo miente. Siempre dicen: «¡No se puede confiar en nadie!»

Recordemos aquello de: «Cree el ladrón que todos son de su condición.»

Entonces, la desconfianza que le despiertan los demás puede ser resultado de su propia deshonestidad.

Un zapatero incapaz de ganarse la vida con su oficio y desesperado por la pobreza, se trasladó a otra ciudad donde nadie lo conocía. Allí dijo ser médico y vendió una pócima asegurando que era un antídoto para todos los venenos. De esa falsa manera obtuvo gran renombre.

Un buen día, el zapatero sufrió una grave enferme-
dad. El alcalde de la ciudad se dispuso entonces a poner
a prueba la efectividad del antídoto y la honestidad de
aquel hombre. Para este fin pidió una taza, y mientras la
llenaba con agua, simuló mezclar veneno con el antído-
to del zapatero, a quien le ordenó beberlo con la promesa
de una recompensa. El zapatero, temiendo una inminen-
te muerte, admitió que él no tenía ningún conocimiento
de medicina, y que había ganado fama solo gracias a las
tontas alabanzas de los habitantes de la ciudad.

El alcalde convocó entonces una asamblea pública y
se dirigió a los ciudadanos:

—¿Qué locura habéis cometido? No vacilasteis en
confiar vuestras cabezas a un hombre que nadie podría
emplear siquiera para hacer sus zapatos.

Moraleja: los farsantes e impostores, siempre son víctimas de sus propios actos.*

6. SEAMOS HONESTOS

Una persona que miente debe tener una buena memoria
para no cometer errores, para no delatarse. Y para sostener
una mentira necesita más mentiras, lo que genera un gran
estrés. Además del estrés, la mentira conduce a la culpa, por
eso se suele decir que «las mentiras tienen patas cortas».
Veamos esta historia:

Un rabino decidió poner a prueba la honestidad de
sus discípulos y los llamó para preguntarles:

* Fábula de Esopo.

—¿Qué haríais si en el camino os encontrarais con una bolsa llena de dinero?

—La devolvería a su dueño —dijo un discípulo.

«Ha respondido tan deprisa que me pregunto si lo dice de verdad», pensó el rabino.

—Si nadie me viera, me quedaría con el dinero —dijo otro.

«Su lengua es sincera, pero tiene un corazón malvado», se dijo el rabino.

—Bueno, rabino —exclamó el tercer discípulo—, a decir verdad, debo reconocer que me sentiría tentado a tomarlo. Así que rogaría a Dios que me diera la fuerza suficiente para resistir la tentación y obrar correctamente.

Al oírlo, se dijo el rabino:

«¡Ajá!, he aquí el hombre en quien confiaría.»*

Castigar a quien habla con sinceridad desalienta la honestidad. Si castigas a tu hijo por decir la verdad harás que no pueda confiar en ti y hablar con libertad. Siempre, en todos los ámbitos en los cuales nos relacionamos, digamos la verdad y premiemos a quien la dice.

Digamos la verdad, ella creará confianza en nuestras relaciones. Si somos capaces de mentirle a los demás, es porque también nos mentimos a nosotros mismos, y mientras lo hagamos no podremos crecer como personas.

* http://www.colegiosfsales.com.ar/descargas/explo/Pre-Explo radores_ Cuentos.pdf

10

EL ACOSO

1. PUEDE DARSE EN CUALQUIER LUGAR

El acosador, que con su actitud amenazadora inspira temor a una persona para manipularla, está presente en todo tipo de lugares. Tanto un desconocido como una persona de nuestro entorno pueden perseguirnos o maltratarnos con un objetivo.

Veamos cuáles son los ámbitos donde se desenvuelven los acosadores:

- *En el trabajo:* se lo conoce como *mobbing*. Se produce cuando en el lugar de trabajo una o varias personas —un superior o los propios pares— utilizan una serie de estrategias —provocaciones, amenazas, atropellos— dirigidas a dañar psicológicamente a alguien para que renuncie a su puesto. Cuando se trata de un superior se las denomina *bossing*.

No hay un director de personal que no reconozca que el acoso laboral es algo que existe, incluso que abunda en el

panorama empresarial. Algunos se atreven a decir en privado que ellos fueron víctimas del *mobbing* anteriormente.*

- *En el colegio:* se lo conoce como *bullying*. Tanto niños como niñas en la etapa de la preadolescencia (doce o trece años) suelen padecer en la escuela el maltrato verbal o físico de compañeros de su misma edad o alumnos un poco mayores. El porcentaje de víctimas es ligeramente mayor entre las niñas.

  Una investigación acerca del *bullying* escolar indicó que el 44 % de los escolares españoles reconoce haber sido alguna vez víctima de violencia por parte de sus compañeros. El 24 % es víctima de violencia escolar de manera frecuente. El 12 % de las víctimas tiene problemas psicológicos graves. El 36 % de los escolares se considera acosador ocasional. Solo el 3 % se considera acosador habitual.**

  Otro tipo de acoso que puede surgir en las instituciones educativas proviene de los docentes que abusan de su posición para seducir a sus alumnos.

- *En internet o a través de los teléfonos móviles:* se lo conoce como «ciberacoso». Es un tipo de agresión psicológica en la que se usa la tecnología para enviar o publicar mensajes, imágenes o vídeos con el fin de molestar e insultar a otra persona. En algunos casos se roban fotografías para exhibirlas en la web y alentar burlas. El ci-

* Iñaki Piñuel, *Mobbing, estado de la cuestión*, Gestión 2000, Barcelona, 2008.
** Araceli Oñate e Iñaki Piñuel, *Acoso y violencia escolar en España: Informe Cisneros X*, Instituto de Innovación Educativa y Desarrollo Directivo, Madrid, 2007.

beracoso no se hace de frente, por eso la víctima no sabe quién puede ser su agresor.

Una categoría específica de ciberacoso es el *sexting*, que consiste en el envío de fotografías o mensajes de texto sexualmente sugestivos que tienen como objetivo manipular nuestras emociones.

- *En actividades comerciales:* por ejemplo, el «acoso inmobiliario», ejercido por personas que se dedican a extorsionar a inquilinos para obtener las propiedades que desean.

- *En la familia:* violencia encubierta de padres a hijos, de hijos a padres, o de algún miembro de la pareja hacia el otro.

El interés que se ve afectado por el acoso inmobiliario no es tanto la libertad, la integridad moral o el patrimonio como el derecho de toda persona a un disfrute pacífico de su domicilio.*

2. ¿ME EQUIVOCO, O ME ESTÁS CONTROLANDO?

Podríamos decir que el control continuo es una forma de acoso. La persona controladora quiere controlar todo: los recursos materiales, las relaciones sociales, el tiempo de que dispones para hacer cada actividad que te propones hacer. A través del control, el maltratador tratará de impedirte, por ejemplo, que hagas llamadas telefónicas, que tengas acceso al

* Pedro Ángel Rubio Lara, *Victimología forense y derecho penal*, Tirant Lo Blanch, Valencia, 2010.

dinero familiar, que puedas manejar tú mismo las tarjetas de crédito. Al mismo tiempo, interferirá en las oportunidades de trabajo que tengas. De esa manera dependerás totalmente de él. En algunos casos, el acosador tiene incluso la capacidad de persuadir a quien es objeto de su control de que participe en actividades delictivas.

El acosador intentará por todos los medios aconsejarte mal, transmitir maneras de funcionar, hábitos que deberías rechazar. El acosador disfruta haciendo juicios de valor, adoptando el papel del súper yo, pero nadie ha nacido para juzgar ni para ser juzgado.

La persona que maltrata verbalmente, que acosa, en general lo hace con disimulo. O sea, de la puerta para fuera, es un seductor. De la puerta para dentro, insulta y hace descalificaciones del tipo: «No tienes nada en la cabeza.»

En general, el maltratador actúa a escondidas, sin motivo aparente, y su afán de acosar va creciendo. La gente que acosa verbalmente, tiene distintas maneras de maltratar: contradecir, refutar las ideas del otro, criticar injustamente, amenazar, insultar, controlar. Y, por supuesto, niega ser un maltratador.

Detrás de cada golpe, o lo que antecede a cada acto de violencia, cientos de palabras fueron dichas con la ira necesaria para destruir no solo tu cuerpo físico, sino también tu estima. Ambas violencias, tanto la física como la emocional —el maltrato, el abuso y la manipulación verbal—, persiguen un único objetivo: destruir tu imagen, tu estima y tu valor. En ambos casos, el fin es la manipulación, la dominación, el control, y el hecho de que quede bien claro quién es el que manda en esa relación.*

* Alejandra Stamateas, *Culpable por ser mujer*, Planeta, Barcelona, 2008.

Con esta actitud, el acosador tratará de dominar tu mente, tu voluntad y tus emociones, y también tu espíritu, lo más profundo de tu ser. Cuando el acosador te menosprecia, lo que intenta hacer es quebrar tu espíritu. Entonces, ¿qué hacen el alma, la mente, las emociones? Se cierran. Por eso hay miles de personas que viven encerradas dentro de sí mismas, enojadas, desconfiadas, sin creer en nada. ¿Por qué? Porque han sido lastimadas y su mente se ha cerrado.

Por eso nos urge aprender a reaccionar ante este tipo de personas. No es conveniente entrar en una relación competitiva. Simplemente limítate a exponer cómo te sientes al respecto.

Quiero compartir contigo algunos principios para enfrentar el maltrato verbal, tanto el que efectivamente sufrimos como el que podemos llegar a sufrir.

1. No abrazo la ofensa

¿Qué tenemos que hacer cuando el acosador nos insulta? No abrazar la ofensa. No tomes en serio las palabras de quien te insulta. No las guardes, no las almacenes en tu interior, réstales importancia. Muchas personas cargan durante años con comentarios insidiosos que deberían expulsar de su vida, deshacerse de ellos porque no aportan nada sino que destruyen. Guarda solo aquellas palabras que te ayuden a crecer y a ser la mejor versión de ti mismo.

2. Me alejo de quienes revuelven la basura

Hay gente que te pregunta: «¿Qué te pasó? ¡Cuéntame! ¿Eso te dijo? ¿Qué más te dijo? ¡No! Véngate en Facebook.» Y esta actitud no nos sirve en absoluto. Debemos alejarnos de quienes se entretienen revolviendo basura, de aquellos que juzgan la vida de los demás, porque quien hace juicios de valor termina condenado. Jesús dijo: «Quien mira la paja en el ojo ajeno, no sabe que tiene un árbol en el ojo propio.»

¿Qué quiere quien te maltrata y acosa? Que te enojes. Y es justamente lo que no hay que hacer. Cuando te insultan, di: «Muchas gracias», «Lo voy a tener en cuenta», «Me pregunto si ahora, después de decir eso, te sientes mejor». Pero no te enredes en una discusión, porque el maltratador lo único que pretende es molestarte.

Puedes vencer el maltrato. No le prestes oído. No tengas miedo del acosador ni de sus palabras, no tengas miedo de nadie, ni de ninguna palabra. No le prestes atención a ningún tipo de consejo de este tipo de personas. Nadie nació para juzgar a otros. Nunca le atribuyas a nadie el papel del malo, del súper yo, del juez ni tampoco te pongas en el papel tú mismo, porque *el único juez es Dios*.

Y cuando lo hagas, cuando enfrentes con tacto al acosador, toda la inseguridad que el acosador te hacía sentir se transformará en seguridad. Una relación sana te traerá lo mejor a tu vida. Todo dependerá de la actitud que tengas ante él. La actitud es lo más poderoso que tenemos los seres humanos. Nuestra forma de reaccionar. Es la manera de hacer las cosas. Como dijo John Maxwell: «Es el sentimiento interior que se manifiesta en la conducta exterior.» De nuestra actitud dependerán los resultados en la vida. No es cuestión de suerte, dependen de nuestra forma de encarar las situaciones. Si tus palabras dicen: «ganaré», pero tu actitud dice: «perderé», no vas a ganar. La actitud es más importante que las palabras. Demuestra con tu actitud que eres capaz de controlar la situación.

> Yo pagaré a un hombre más por su actitud que por cualquier otra habilidad que pueda tener.
>
> David Rockefeller

Se dice que la vida está hecha de un 10 % de las cosas que nos pasan y de un 90 % de la manera en que reaccionamos ante esas cosas. Y esa reacción, esa manera de encarar la situación, de reaccionar, depende de nuestra actitud.

Hace un tiempo leí la opinión de un cirujano muy importante sobre la actitud con que encaraba una operación. Decía que si la afrontaba dudando de los buenos resultados, aun siendo capaz, su actitud podía repercutir negativamente en la operación. Para que un equipo de fútbol gane un partido no basta con que juegue bien, con aptitud. La actitud, la manera con la que va a empezar el partido, va a ser determinante en su resultado.

> La actitud es como las guirnaldas de flores de Hawái, las llevamos las veinticuatro horas encima, las respiramos todo el día. Todos los que se acercan a nosotros respiran nuestra actitud.
>
> Juan Cordeiro

Lo único que necesitamos es adoptar la actitud correcta. Y la actitud tiene que ver con algo interno. Tiene que ver con un sentimiento que se manifiesta en nuestra manera de reaccionar.

Todos los días hay algo bueno reservado para tu vida, no permitas que el acosador te la amargue. Vive sin miedo. Aléjate del acosador. No esperes que el acosador cambie, que el maltratador te pida perdón, él siempre encontrará una respuesta para intentar desarmarte; o peor aún, dirá que todo es producto de tu imaginación. Ten cuidado de la gente que aparece como muleta y te dice: «Nunca podrás dejarme.» Porque esa gente no es «muleta», esa gente te detesta. El maltrato no debe ser una opción en tu vida, no lo permitas. Nadie tiene que decidir por nosotros. No permitas que otros decidan por ti. Si te hacen preguntas que no quieres contestar, no respondas. Piensa antes de responder.

Pon límites. Ten siempre presente que el objetivo del acosador es:

1. Aislarte y hacerte dependiente de él y de sus recursos.
2. Responsabilizar a los otros —siempre la culpa es de los otros— en lugar de trabajar para cambiar de actitud.
3. Minimizar la violencia y el abuso, quitando de esta forma el verdadero valor que tienen cada una de sus palabras y de sus gestos.

Las acciones del maltratador están directamente dirigidas a deteriorar tu ser físico y espiritual. Su objetivo es lograr que una mañana, cuando te despiertes y te mires en el espejo, no reconozcas a la persona que ves enfrente.*

No permitas que nadie te acose, te diga cómo vestirte, qué hacer con tu vida, con quién salir, qué estudiar, ni nada. Pon un freno a quien te acose e intente invadir tu intimidad. El acosador no soportará tu límite, para este tipo de personas el límite es un obstáculo. Por eso, ante ellos recuerda las dos palabras más poderosas que existen: «SÍ» y «NO». Hay que aprender cuándo y a quién decir «sí». Y cuándo y a quién decir «no». Tenemos derecho a hacerlo.

No adoptes el papel de víctima. Tal vez algunas personas se compadezcan y te digan «pobrecito, tienes razón». Pero cada vez que lo haces, estás enviando una señal, un mensaje a tu acosador para que siga persiguiéndote: el acosador siempre querrá asediar a su víctima.

* Alejandra Stamateas, *Culpable por ser mujer*, Planeta, Barcelona, 2008.

Por todo esto, aprendamos a hablar bien de nosotros mismos, a cuidarnos, cada vez que hagamos algo bien, feli citémonos. Si tú no te cuidas, nadie lo hará. Date permiso para ser feliz y elegir cómo quieres vivir de ahora en adelante. Es tu derecho. Te mereces elegir qué vida llevar.

3. ¿CÓMO ACTÚA UN CONTROLADOR/ACOSADOR?

- *Hace mucho en poco tiempo.* Al principio con estas personas puedes sentirte como en el paraíso. Quieren estar todo el tiempo contigo, te llaman a cada rato, te dicen que eres divertido, inteligente, y vive con intensidad cada momento.

- *Anula lo racional.* La persona que se relaciona con quien lo controla no piensa, no hay tiempo, al comienzo todo es tan fabuloso que no quiere perderse un segundo. El controlador te colma de atenciones y por eso se siente con derecho sobre tu vida. «Un zapato se compra con dinero, el maltratador te compra con amor.»

- *Es seductor.* Solo quiere estar contigo, tu sonrisa es la mejor del mundo, eres el centro del Universo. ¡Se preocupa por ti! Te quiere solo para él o para ella.

- *Te hace sentir especial.* Te pone en un pedestal. Dice cosas como: «Eres la razón de mi vida», «El sentido de mi existencia», «Eres la mujer de mis sueños». Y sin decirlo, el controlador te hace «firmar un contrato» que establece: «Te voy a poner en un pedestal, te llenaré de amor y atención, te voy a hacer sentir única y especial.» Y a cambio, tú darás y harás todo lo que te pida: «Serás mía y me darás siempre la razón, y en caso de desobediencia; recurriré al maltrato.»*

También hay otro tipo de controlador, más directo. Quien exige, ejerce la presión, acosa sin disimulo. Quiere tener todo, llama a cualquier hora, hace muchas cosas a la vez porque dice ser «espontáneo». Pero eso demuestra su falta de control. Estas personas se comportan por impulsos.

Otra de sus características es ejercer presión a través del sexo. Querrá tener intimidad, vivir juntos, aunque no sabe resolver los problemas de pareja que pueden surgir. Cree que los problemas se resuelven dando órdenes.

Hay que recordar que los controladores son manipuladores que tienen siempre una intención oculta. Una intención dañina y abusiva para los intereses de los demás; por eso, la ocultan con maestría. Si conocemos sus juegos seremos capaces de evitar caer en ellos para no poner en riesgo nuestras emociones, estima, vida. Con personas así, no podemos compartir ni alegrías ni tristezas. Lo mejor es mantenernos alejados y nunca entrar en su juego.

* Noelle Nelson, *Relaciones peligrosas*, Javier Vergara, Barcelona, 2002.

11

EL MENSAJE EXTERNO
Y EL MENSAJE INTERNO

1. CÓMO NOS VEN, CÓMO NOS VEMOS

Todos alguna vez nos preguntamos cómo nos ven los demás, qué percepción tienen de nosotros. Nos preguntamos: ¿cómo soy?, ¿seré realmente como me ven los demás?, ¿qué «imagen» tienen los otros de mí?

El 83 % de nuestras decisiones las tomamos a partir de la mirada. Lo que vemos nos permite decir si algo nos gusta o no, si lo compramos o no, si saldríamos con alguien o no, si una persona es de nuestra confianza o no.

Esta imagen se construye velozmente. Aproximadamente cuatro minutos son suficientes para decir: «Esta persona no me gusta» o «Esta persona me gusta, no sé por qué pero tiene algo que me cae bien». Es decir, nos formamos una «primera impresión».

Podemos decir entonces que:

- La mente construye una imagen a partir de la percepción.

- La imagen se puede modificar, reconstruir.
- La imagen exterior es la expresión de mi interior.
- Mi imagen exterior debe coincidir con mi ser interior.

Todos los seres humanos, desde el momento en que nacemos, necesitamos que nos valoren, amen, feliciten, reconozcan nuestros méritos. Con ese bagaje de afecto que recibimos construimos nuestra propia imagen interior, lo que creemos ser es generalmente producto de lo que recibimos. Por eso, el hecho de no ser escuchados por nuestros seres queridos, de no disfrutar de los primeros afectos, es decir, del de nuestros padres, es también una forma de maltrato.

> Una buena decisión es aquella que aprueban tu mente y tu corazón.
>
> **Anónimo**

Nacemos indefensos y si las personas responsables de nosotros no ofrecen la validación que necesitamos difícilmente nuestra imagen interior será positiva. Si a esta carencia de caricias, de amor, le sumamos la agresión externa —del resto de nuestra familia o del medio— más pobre será la imagen que construiremos sobre nosotros mismos.

Cada vez que validamos al otro, lo felicitamos, lo estamos reconociendo. De esta manera le enviamos un mensaje de valor. Lo que expresamos, con caricias o con palabras. Es sanador.

En una ocasión, un niño le contó a su madre que su maestra lo había avergonzado en clase: «Me dijo que no sabía leer bien y yo me puse a llorar.» Su sabia madre lo abrazó con mucha ternura. Él dejó de llorar y un momento después, le dijo: «Me voy a jugar afuera porque hace muy buen día.» ¿Qué había hecho su madre? La sabiduría de esta mujer consistió simplemente en escuchar y abrazar a su hijo.

Ella no le dijo: «¡Qué vergüenza! ¿Tan mal leíste?.» Con su actitud, la madre le dio fuerzas y ese mensaje fue lo suficientemente poderoso para sanar su autoestima y la imagen que este niño estaba construyendo de sí mismo.

Cada vez que no le damos valor al otro, que lo maltratamos verbal, emocional y físicamente, estamos destruyendo esa imagen que la persona cada día elabora de sí misma.

Muchas personas en lugar de tener en cuenta al otro, lo insultan; en lugar de construir, destruyen. En lugar de preguntar: «¿Por qué estás tan cansada, tuviste un día difícil? ¿Qué te pasó?», suelen decir: «¡Cómo vas a estar cansada!» Haciendo preguntas comenzamos a validar, a aceptar sus emociones aunque no necesariamente estemos de acuerdo con lo que el otro siente. De esa manera reconocemos que el otro tiene derecho a sentir esa emoción que está experimentando. Debemos abandonar el hábito de maltratar verbalmente, de acusar, de ser irónicos y reemplazarlo por el hábito de escuchar más, preguntar más, felicitar a las personas. La imagen interior que cada uno tiene de sí mismo, de lo que es, se va gestando y crece cada día de acuerdo al reconocimiento que recibe y no al descrédito.

Una imagen negativa es sinónimo de maltrato, manipulación, frustración y nos habla de una búsqueda personal frágil que vive en función de la opinión ajena.

Una imagen positiva de sí mismo implica ser validado, amado, felicitado y querido.

Y no solo eso, sino que cada vez que honramos al otro, alguien nos honrará a nosotros. De esta forma lograremos no solo aceptarnos a nosotros mismos, sino que nos relacionaremos de manera sabia con los otros.

Enriquecer la imagen que tenemos de nosotros mismos, nuestra imagen interior, nos ayudará a establecer relaciones personales sanas y efectivas.

Es muy importante dar una buena impresión de nosotros mismos. Cuanto mejor sea nuestra imagen, mayor será el poder de nuestra influencia sobre los demás.

Por eso es importantísimo respetarse, valorarse, bendecirse, invertir el tiempo necesario para sacar a la luz lo mejor de cada uno de nosotros. La imagen exterior que mostremos, se reflejará en los otros. Reflejemos lo mejor de nosotros mismos, nuestra verdadera imagen.

Es probable que nos digan: «No lo sabes», «No puedes» o «No sirves para eso», «No sé si estás preparado», «¿No será mucho para ti?» Y muchas veces lo hacemos nosotros mismos, somos nuestro peor enemigo. Una voz interior entabla un diálogo:

—No sé si vas a poder.

—No, no sé si podré hacerlo...

Esa voz que te rebaja, que te menosprecia, no sabe de qué estás hecho. No sabe de tus genes, de tu propósito en la vida.

Aun cuando no seamos conscientes, todos tenemos una imagen formada de nosotros mismos. ¿Cómo te ves? ¿Bajo qué lupa te estás mirando?

Seguramente has escuchado la historia de David y Goliat, un joven aparentemente muy pequeño ante un gigante. Cuenta la historia, que cuando el gigante Goliat vio a David comenzó a reírse del joven, lo menospreció, lo consideró menos. No sabía lo que David tenía en mente, el objetivo que se había propuesto alcanzar: «Derribar al gigante.» Con ese propósito en mente, David pensó cuál sería la estrategia perfecta para vencer al gigante. Y lo consiguió.

David se veía más gigante que el gigante, era consciente de su capacidad, seguridad y convicción para alcanzar el objetivo que tenía en mente. Y así actuó, con capacidad, seguridad y convicción. Y venció. Como dice el refrán: «Quien ríe último, ríe mejor.»

Por eso, si hoy te señalan que no puedes hacer algo, que no tienes capacidad para hacerlo: ¡Espera! Lo mejor de ti aún no ha salido, está perfeccionándose día a día.

> Cuanto más alto coloque el hombre su meta, tanto más crecerá.
>
> Friedrich Schiller

Nuestra imagen interior determina nuestro modo de actuar. No necesitamos impresionar a nadie, solo a nosotros mismos, siendo lo mejor que podemos llegar a ser, sacando a la luz todo nuestro potencial, nuestras capacidades y habilidades. No tenemos que hacerlo para demostrar nada, sino para saber que somos capaces de lograr nuestro sueño. Saber que nuestra vida depende de lo que nos propongamos hacer, de aquellas acciones que día a día ponemos en marcha para lograr nuestras metas y ser mejores personas en cada área.

Es gratificante, estimula, motiva y te llena de alegría y de fuerzas poder decir: logré lo que me propuse. Y no me detengo, sino que miro atrás, festejo el logro y voy por más. Sigo hacia la nueva meta que tengo por delante. Esta es la mente de un campeón, aquel que sabe impresionarse a sí mismo y se siente motivado todos los días.

2. LO QUE ESTÁ A LA VISTA

El profesor Albert Mehrabian es pionero en la comprensión de las comunicaciones. Desde 1960 se especializa en el lenguaje corporal y las comunicaciones no verbales, y de sus investigaciones surgen los siguientes datos:

- el 7 % de los mensajes relacionados con los sentimientos y las actitudes se encuentra en las palabras dichas.
- el 38 % de los mensajes relacionados con los sentimientos y las actitudes es paralingüístico (la forma en que las palabras se dicen).
- el 55 % de los mensajes relacionados con los sentimientos y actitudes se reflejan en la expresión facial.*

«Lo que vale es lo de dentro, no lo de fuera», oímos decir, y es cierto, es importante tener un interior sano, ser una persona paciente, bondadosa, servicial, comprometida, con códigos éticos, de palabra. Pero también una antigua frase nos dice que: «De la hermosura de nuestro corazón habla nuestro rostro.»

Y en los tiempos en que vivimos, cuando la imagen tiene un papel tan importante, nuestro aspecto exterior también debe considerarse: «Una imagen vale más que mil palabras.» Podemos tener un título universitario, ser excelentes en nuestra especialidad, pero si nuestra imagen exterior es descuidada y no coincide con nuestra capacidad, las probabilidades de éxito son menores.

La gente con éxito da mucha importancia al lenguaje corporal, sabe descubrir a través de las señales visibles si una persona se siente segura de sí misma, si tendrá la capacidad de defender un proyecto. El aseo personal, la buena presencia es fundamental. Una persona que pone atención a su aspecto transmite la sensación de que sabe respetarse y cuidarse. Estos son algunos detalles que deben tenerse en cuenta para lograrlo:

* www.kaaj.com/psych/

- La vestimenta que elijas tiene que estar de acuerdo con la situación y el tipo de gente con la que quieres relacionarte. Recuerda que la elegancia va de la mano de la sobriedad.

- Es mejor tener una camisa muy buena que diez camisas que no te hagan estar a la altura de las circunstancias.

- Tan importante como la calidad de tu ropa es que esté siempre limpia.

- Lo mismo vale para tu higiene personal, tus uñas, tu piel, tu maquillaje, tus dientes siempre tienen que estar impecables.

No debemos olvidar que nuestro cuerpo habla, nuestra mirada, nuestros gestos, nuestra postura, dan un permanente mensaje de lo que sentimos y pensamos. Aprender a mandar los mensajes adecuados traerá las mejores oportunidades a nuestra vida.

> Recuérdalo, hijo mío, la ropa anuncia al ser humano. Como te ven, te tratan.
>
> William Shakespeare

Las oportunidades nos llegarán a todos, debemos estar listos para no dejarlas escapar.

Una sonrisa siempre abre puertas, mostrar que estamos contentos y agradecidos despierta un mensaje de interés que el otro captará positivamente y traducirá con una acción a nuestro favor. El mal humor se transmite y se contagia, ¡el buen humor, también! Y no solo eso, sino que también te convierte en una persona altamente efectiva.

> Para tener éxito debemos hacer todo lo posible por parecer exitosos.
>
> François de la Rochefoucauld

Actuar sin mostrarse superior ni inferior, sino un igual, facilita la negociación y la obtención del mejor resultado. Un proverbio muy inteligente lo resume de esta manera: «El rey favorecerá al siervo inteligente.» ¿Qué significa? Que si somos capaces de relacionarnos con el otro sabiamente, llegaremos a la meta que estamos esperando alcanzar y mucho más.

3. TRATA AL OTRO COMO QUIERES QUE TE TRATEN

El elogio honesto siempre te abrirá puertas. Hacerle notar al otro sus cualidades positivas y sobresalientes te ayudará a relacionarte correctamente, porque tu interlocutor te percibirá como una persona de confianza: se sentirá valorado. Reconocer al otro es respetarlo, es considerar las emociones del otro, es resaltar lo mejor del otro. Hay que tener en cuenta que *la gente no nos conoce por lo que somos, sino por lo que sienten al estar con nosotros.*

> En tu relación con cualquier persona, pierdes mucho si no te tomas el tiempo necesario para comprenderla.
>
> **Rob Goldston**

Todos tenemos cosas buenas y malas, tratemos de poner el acento en lo mejor de cada uno. Hablemos con actitud positiva. Es muy diferente decir: «No puedo ir», que: «No puedo ir hoy, pero podríamos ir en otro momento.»

¿No te parece que esta forma de relacionarnos dará lugar al diálogo y a relacionarnos con otro talante, con la actitud de que lo mejor está por llegar a tu vida? *Cuando hacemos sentir bien al otro, él nos hará sentir lo mismo.*

Para lograrlo:

- *Hablemos del otro, no de nosotros*

«No te des importancia delante del rey, ni reclames un lugar entre los magnates», nos dice el libro de Proverbios.

Mostrar interés por el otro nos crea a nosotros mismos una imagen positiva. Preguntarle por sus cosas, por su trabajo, interesarse en lo que le gusta, lo que le pasa, prestarle atención, hace que se sienta valorado y apreciado. A la vez, escuchar al otro, oírlo, reconocer sus virtudes, nos permite pensar qué vamos a decir nosotros.

En sus investigaciones sobre la inteligencia emocional Daniel Goleman identificó el arte de saber escuchar entre las principales habilidades de las personas con altos niveles de inteligencia emocional. ¿Qué hacer para desarrollar esa habilidad? Veamos algunas de sus recomendaciones:

—Eliminar y evitar distracciones. No te distraigas jugando con pedazos de papel, escribiendo, etcétera.
—Hacer preguntas. Esto estimula al otro y demuestra que estás escuchándolo.
—No ser egoísta. Llámalo por su nombre, harás sentir a la otra persona interesante, importante.
—Mover la cabeza en señal de conformidad.

- *Debe tenerse en cuenta el lenguaje no verbal*

Otro elemento importante es el lenguaje corporal, aquello que decimos con el cuerpo, el lenguaje no verbal. Las personas escuchamos, pero también percibimos la actitud física.

El lenguaje no verbal abarca también el contacto físico con la otra persona. Todos tenemos un espacio privado, íntimo, al que entran nuestra pareja, nuestros

> Existe un lenguaje que va más allá de las palabras.
>
> Paulo Coelho

hijos o la gente muy amiga. Por este motivo, debemos ser discretos, dar la mano con seguridad pero brevemente, para que la persona no se sienta invadida. Es aconsejable tener contacto visual, asentir con la cabeza mientras el otro habla.

Shakespeare decía que todos somos oradores de dos maneras: de palabra y de cuerpo. Ocurre que muchas veces el cuerpo borra lo que dijo la boca. Los mensajes incongruentes hacen que perdamos credibilidad.

El asesor de comunicación de Ronald Reagan escribió un libro llamado *Tú eres el mensaje*, donde menciona un consejo extraordinario que le dio al presidente de Estados Unidos: le dijo que si quería triunfar tenía que ser quien era en realidad, no simular ser diferente, porque tarde o temprano la simulación saldría a la luz. Por eso, no imitemos a nadie ni copiemos el comportamiento de nadie. Seamos nosotros mismos. A menudo vivimos tratando de ser como otra persona, pero la transparencia, la verdad, la honestidad, es el mensaje más potente en la comunicación.

La mirada tiene un poder de conexión muy grande. La mirada fija, es señal de agresión. La mirada evasiva, es señal de timidez. Pero cuando la mirada va y viene es señal de que se ha establecido una buena comunicación.

Cuando Dios creó a Adán, él cobró vida y lo primero que hizo fue mirar a Dios a los ojos. Los seres humanos somos los únicos mamíferos que cuando damos de mamar miramos a los ojos, nos comunicamos a través de la mirada. Ningún animal mira a los ojos a su cría. El filósofo Martin Buber escribió un libro titulado *Yo-Tú*, donde explica que el «Yo» no es más grande que el «Tú» ni el «Tú» es más grande que el «Yo», y que lo más importante entre

> Las palabras están llenas de falsedad o de arte; la mirada es el lenguaje del corazón.
>
> William Shakespeare

el «Yo» y el «Tú» es el guion que está en el medio. *Yo-Tú*. ¿Qué representa ese guion? La mirada. La mirada tiene poder.

- **Todo lo que hagas, hazlo con el propósito de que resulte excelente**

Seamos puntuales, dignos de confianza, responsables. Hagamos lo que prometimos, y que nuestra forma de actuar sea rápida. Si hacemos la milla extra, esa milla será beneficiosa para nuestra vida. Recogeremos todo aquello que sembremos. Seamos personas pacientes, seamos lentos solo para irritarnos, para enojarnos. Recordemos las palabras del sabio Salomón:

«Con paciencia se convence al gobernante.»

Aprendamos a decir bien las cosas, en el momento oportuno y con el tono de voz indicado para cada situación. Las personas no tienen en cuenta lo que decimos sino cómo lo decimos. Pidamos las cosas por favor. No es lo mismo decir: «Me gustaría cenar algo sabroso, ¿qué vas a cocinar?», que: «¿Por qué nunca cocinas algo sabroso?»

Debemos aprender a expresar nuestros deseos, lo que queremos, lo que esperamos del otro. Apaguemos la voz interna que nos hace rumiar nuestros pensamientos y pongamos en palabras lo que esperamos

> Dios ha creado al hombre como un animal sociable, con la inclinación y bajo la necesidad de convivir con los seres de su propia especie, y lo ha dotado, además, de lenguaje, para que sea el gran instrumento y lazo común de la sociedad.
>
> John Locke

> La vida es como una obra de teatro: no es la duración sino la excelencia de los actores lo que importa.
>
> Séneca

recibir. De esa manera, nuestra comunicación y relación con el otro se construirá sobre cimientos firmes y sanos.

Todo lo que queremos con la comunicación es bendecir y ser bendecidos a través de este potencial grandioso que tenemos: la palabra. Nuestra forma de comunicarnos nos conducirá a nuevas posibilidades, oportunidades o a cerrar puertas.

Felicitemos a quien se lo merezca. Y si es necesario aclarar alguna situación, busquemos el momento adecuado para hacerlo. No gritemos, ni descalifiquemos al otro, no lo hagamos en plena crisis, sin reflexionar, cuando no tenemos tiempo. Seamos agentes de salud y de bienestar.

Recordemos lo que nos dice el libro de Proverbios: «Hay hombres cuyas palabras son como golpes de espadas, pero la lengua de los sabios es medicina.»

Una palabra de oro puede sanarte de una enfermedad, puede unir y sanar un matrimonio, validar a un hijo. Una palabra de oro tendrá un efecto sin límites en la persona que la ha dicho y en la vida de quien la ha oído. El libro de Proverbios nos dice también que: «El labio veraz permanece para siempre, pero la lengua mentirosa solo un momento.»

Tu palabra —lo que digas, lo que hayas sembrado en otros— nunca volverá vacía, siempre traerá recompensa a tu vida. Por eso regala, siembra, agradece, felicita, habla bien de los otros, ayudará a que tu red de relaciones se amplíe cada vez más. Una persona que sabe relacionarse con los otros basa sus reacciones y su forma de actuar en la verdad, la honradez y

> El amor es la llave por excelencia de todas las puertas, inténtalo y verás... no importa cuál sea la cerradura... ¡la abrirá!
>
> Anónimo

la integridad. Una vez más, tengamos presente las enseñanzas del libro de Proverbios. «El rey se complace en los labios honestos.» Seamos gente de una sola pieza, personas de verdad.

Veamos ahora cuatro aspectos que deberíamos tener en cuenta para relacionarnos mejor con los demás:

- *No buscar su aprobación.* No hay que vivir pensando e imaginando cómo nos ven los demás. No hagamos lo que los demás hacen: «Si él compra ese coche, yo también.» «Si ella se viste en esa tienda, yo también.» No hay que hacer tampoco lo que los demás quieren por temor a que, de no hacerlo, dejen de querernos. Seamos nosotros mismos y vivamos libres de la opinión que tengan de nosotros los demás. De no hacerlo viviremos comparándonos y la comparación nos llevará a competir. Siempre habrá alguien mejor que nosotros.

- *No pretender ser admirado y admirar.* No se trata de admirar o ser admirado, sino de ser una fuente de inspiración. La admiración no cambia a la gente, la inspiración, sí.

- *No adoptar actitud de víctima: «Esto me pasa solo a mí.»* A todos nos pasan cosas parecidas y de nosotros depende el estado de nuestras emociones. Reaccionemos sanamente, esforcémonos por no amargarnos ni siquiera cuando nos maltraten.

- *No tratar de cambiar a los demás.* La gente solo cambia cuando quiere cambiar. Si intentamos que cambien para complacernos terminaremos frustrándonos. Si respetamos al otro como es, se acercará a nosotros.

4. EMPATÍA: ¿QUÉ SIENTES?

¿Qué significa «empatía»? Empatía es «meternos en los zapatos del otro». Todos necesitamos, anhelamos ser comprendidos. Una vez mi hija me dijo que quería que le comprara un perro. «¡No! ¡Otro perro, no!», le dije enseguida. Y ella replicó: «Papá, antes de decir que no, ¡déjame mostrarte las fotos de los perros!» Yo había roto un principio importante: entender sus razones.

Empatía no quiere decir que debemos estar de acuerdo con la otra persona. Empatía es entender al otro. Sentirnos comprendidos abre las puertas a una mejor relación aunque no nos pongamos de acuerdo.

Preguntemos, no afirmemos ni adivinemos. Mantengamos una comunicación clara y evitemos aquellas interferencias que surgen en la comunicación. Esas interferencias muchas veces surgen de los diferentes puntos de vista con respecto a una misma cosa. Unos pueden ver el vaso medio vacío y otros, medio lleno, depende de cómo se mire. Todo tiene muchas posibles lecturas. Por eso ante una duda debemos analizar el contexto y preguntar: «A ver, ¿te entendí bien?»

> Nadie es tan pobre para no regalar una sonrisa ni tan rico para no necesitarla.
>
> **Anónimo**

Debemos tener en cuenta también cómo nos sentimos en el momento de la comunicación: la ira, la tristeza, el enojo influirán en la respuesta.

¿Cómo logramos esa empatía?

- *Sonriendo a los demás.* La sonrisa tiene un poder muy grande. Cuando una persona entra sonriente está transmitiendo el mensaje: «¡Me alegra estar contigo!» Eso es una bendición. Además, la sonrisa manda otro mensaje: «No soy agresivo.»

  La mente no distingue entre una sonrisa falsa o una verdadera: siempre cree que se trata de una verdadera. Así, el sistema nervioso comienza a segregar dopamina, un químico relacionado con el placer. Por ejemplo, cuando nos enamoramos se segrega dopamina. El chocolate, el helado, también generan dopamina. Cuando son pocos los placeres de que disfrutamos, segregamos poca dopamina. Cuando tenemos muchas ocasiones de placer, como por ejemplo la amistad, los sueños, las diversiones, hacer lo que nos gusta, tener hobbies, abrimos muchos frentes de dopamina.

  > **Es más fácil obtener lo que se desea con una sonrisa que con la punta de la espada.**
  >
  > William Shakespeare

- *Elogiándolos.* Tenemos que ser sinceros al elogiar a alguien. El elogio falso es veneno, pero cuando es capaz de ver esa virtud específica del otro y la expresa, podrá levantar su estima y generar así un clima de bendición. Las personas no evalúan lo que nosotros decimos, cuánto sabemos o si hablamos bien o no, sino cómo se sienten ellas en nuestra compañía. Y no hay nada mejor que lograr que después de habernos conocido, el otro se sienta mejor que antes. Las personas que elogian las virtudes de otros son personas queridas.

Elogiemos a los demás inteligentemente. Escribamos una carta de agradecimiento a alguien de nuestro pasado que nos ayudó en su momento. De esa manera lograremos empatizar con el otro.

Y cuando nos dediquen un elogio, nunca lo rebajemos, aceptemos esa caricia.

Si nos dicen: «Qué bueno eso que hiciste», evitemos responder: «No es nada, cualquiera habría hecho lo mismo.» Si nos regalan un: «¡Qué guapa estás!», no devolvamos un: «Me gustaría que lo dijera mi esposo» o «Sí, pero... mi pelo...»

Aprendamos a decir: «Muchas gracias», «Te lo agradezco, muy amable». Seamos expresivos, agradecidos.

Esbocemos siempre una sonrisa, al hacerlo estaremos dando un mensaje no solo al otro, sino a nosotros mismos: «Yo valgo y me cuido.»

> Es posible defenderse de los ataques; ante el elogio estamos indefensos.
>
> Sigmund Freud

Da a todos lo que puedas. Acepta lo que te den. Sé tolerante, pero no aceptes caricias negativas ni destructivas.

- *Permitiendo que el otro sea el protagonista.* Tenemos que aprender a dejar que las otras personas sean el actor principal. Hay gente narcisista que siempre dice «yo...», «a mí...». El narcisismo no fomenta la empatía. Propongamos temas que le interesen al otro. Dejemos que sea el protagonista quien hable. Debe ser así, si queremos que la otra persona nos escuche después a nosotros.

Eso es lo que tenemos que hacer con nuestros hijos adolescentes: hablarles de lo que a ellos les interesa para sembrar la cordialidad, que generará una buena relación con ellos y conseguir así que escuchen lo que nosotros queremos decir.

Pero permitir generosamente el protagonismo del otro no significa que nos dejemos avasallar. Por ejemplo, no digamos: «Les robo un minuto» o «Regáleme dos minutos». Nadie es más que nosotros, nadie.

Tampoco nos pongamos nunca por encima del otro, pongámonos al lado de la gente. Tratemos a las personas como si fuéramos amigos de toda la vida. No importa que estés con alguien importante o famoso: cuéntale qué haces, cómo estás, como si fuese tu amigo.

Recuerdo que una vez fui a dar una charla a vendedores de libros de la tercera edad. Había muchos viejecitos y yo fui con prejuicios. Al entrar, me recibió una señora mayor que me saludó alegremente y observé que los ancianos se estaban riendo. Y yo, que había ido a dar una charla de motivación y estaba muy cansado, terminé siendo bendecido por esas personas felices. ¡No hay nada más agradable que ver gente feliz!

Busquemos cosas en común con los demás, la similitud de experiencias atrae. A todos nos gusta la gente que se parece a nosotros. Existe un buen motivo: si me gusta que el otro tenga algo que yo tengo, significa que me valoro. Por el contrario, valorar en exceso algo que el otro tiene y yo no, sería descalificarme. Entonces, ¿qué tenemos que hacer para empatizar? Buscar puntos en común. Tal vez sea un deporte, la edad de los hijos, un viaje.

No profundicemos en las diferencias, ni tengamos expectativas desproporcionadas acerca de los demás. Nadie tiene la obligación de entendernos, de ayudarnos a hacer lo que nosotros queremos; no busquemos en el otro lo que nos falta a nosotros. Se trata de bus-

car qué tenemos en común, cuál es el puente para
construir y compartir una historia.

*Está escrito que Dios creó el mundo en diez enuncia-
dos.*

*Se preguntaron nuestros sabios: «¿Acaso no podía
Dios crear el mundo en un solo enunciado?»*

*A lo que se respondieron: «A través de esto debemos
aprender que así como Dios necesitó de diez enunciados
para crear el mundo, nosotros también necesitamos de
tiempo y esfuerzo para construir.»*

*La construcción es un trabajo arduo y delicado para
el cual se requiere paciencia y ganas. Por el contrario, es
posible destruir por medio de una sola palabra. Es más
fácil destruir. Construir es lo difícil.**

* http://www.morim-madrichim.org

12

TÉCNICAS PARA ENFRENTAR
EL MALTRATO

Existen múltiples recursos verbales para no «aceptar» ni «ceder» ante el maltrato verbal. Algunos son conocidos, otros nacen del sentido común y otros, del conocimiento científico.

Necesitamos conocer de antemano al menos una o dos técnicas que serán nuestras llaves maestras para contrarrestar asertivamente el factor sorpresa del maltratador. Es como ser un buen jugador de ajedrez que tiene varias jugadas pensadas.

A veces, al comienzo del aprendizaje de la conducta asertiva, conviene tener las técnicas escritas en un papel o en la agenda hasta lograr incorporarlas.

Tal vez en una ocasión alguien te felicitó e inmediatamente después soltó una crítica mordaz que te dejó boquiabierto, confundido y con rabia. Y pensaste: «¡No supe qué decirle! ¿Por qué no le habré dicho tal cosa? ¿Por qué me quedé callado? ¡Qué tonto!»

El maltratador lo sabe, ¡por eso usa el factor sorpresa!

Porque no saber responder genera ansiedad: eso de no tener una respuesta no ayuda. Nos deja un sabor amargo. A veces, el maltratador anuncia el día y la hora del ataque, nos avisa que vendrá a «psicopatearnos», para generar una ansiedad anticipada. Puede hacerlo un jefe con su subordinado, la mujer con el marido, etcétera.

NO existe una técnica mejor que otra, sino que tenemos que ver cuál es la mejor en cada momento. Recordemos que se puede aprender del ataque y que nunca una técnica se aplica para cambiar al maltratador, sino para poner límites.

Tenemos que elegir siempre si vamos a «responder» o «reaccionar» al maltrato.

El objetivo no es convencer, ni golpear primero, ni ganar, ni discutir, ni hacer que el agresivo cambie de actitud. El objetivo es NO ENTRAR EN SU JUEGO.

Una vez, una locutora de televisión me dijo: «Bernardo, no importa qué te pregunten, tú di lo que quieres decir.» Creo que este consejo viene muy bien para el caso del maltrato: cuando respondas ten siempre en mente cuál es tu objetivo.

Es más fácil cuando se trata del maltratador habitual. Como ya conocemos más o menos el tipo de agresiones, ¡podemos prepararnos! Podemos ensayar a solas o con un amigo. Hacer una lista de quiénes son los maltratadores, qué cosas dicen e imaginar y ensayar distintas respuestas.

La actitud no verbal es clave: el 80 % del mensaje que mandamos no es verbal, es corporal, y tiene que ser coherente con el 20 % del mensaje verbal. El mensaje se ve y se escucha.

Tu postura dice cómo te sientes contigo mismo, es un mensaje constante. Por ejemplo, decir: «Yo quiero...» mirando al suelo, o «Yo deseo...» con voz temblorosa, o «Yo

anhelo...» con la espalda encorvada, indican poca convicción.

Decir: «¡Vamos a trabajar!», con énfasis, con entusiasmo, no es lo mismo que decir: «¿Vamos a trabajar?», o simplemente «Vamos a trabajar.»

La actitud corporal correcta para transmitir un mensaje es:
- una expresión firme y amigable
- mantener una buena postura y la cabeza en alto
- sostener una mirada franca, a los ojos, ni desafiante, ni
  sumisa (esquivar la mirada es señal de ansiedad, mirar
  fijamente al otro, de agresividad)
- y sentarse de forma relajada, ocupando bien el espacio

¡Practica!
Puedes imaginar la situación y hacer un juego de rol,
«escenificarlo» con un amigo.

Empieza por situaciones fáciles para luego ir incorpo-
rando otras más complicadas.

También es útil ensayar mentalmente o ante un espejo
para ver tus reacciones físicas y luego practicar con los amigos.

¿Cómo ser asertivos?

Asertividad significa «afirmar tu personalidad y defender tus opiniones». Es la capacidad de expresar nuestras
emociones, ideas y derechos de manera firme, clara y abierta. Es decir, es tener capacidad para expresar lo que sentimos y pensamos, y saber elegir cuál es la mejor reacción en
cada situación.

Muchas personas que hacen cursos para ser asertivas salen de allí preparadas para relacionarse bien con todos y en todo momento. Han perdido la capacidad de analizar qué es mejor para cada situación de acuerdo al tiempo, a la situación que les toca vivir.

Más allá de las técnicas que conozcamos y apliquemos, debemos tener presente que siempre surgirá el impulso de responder «por impulso», y eso no nos tiene que hacer sentir mal.

Por otro lado, ocurre que a veces somos firmes en ciertas circunstancias y en otras no. Puede ser más difícil ser firme con determinadas personas que tienen autoridad sobre nosotros o con determinados familiares. A ciertas personas les cuesta ser firmes en grupo, a otras con desconocidos o conocidos.

Las personas pueden adoptar diferentes actitudes:

- *Ser agresivas*: yo valgo, tú no.
- *Sentirse víctimas*: yo no valgo, tú sí.
- *Ser negativas*: yo no valgo, ni tú tampoco.
- *Tener a otros y a sí misma en alta estima*: yo valgo y tú también.

Está claro que la actitud que expresa aprecio por el otro y uno mismo es la que nos permite establecer relaciones sanas.

Recordemos que no debemos ponernos nunca por encima o por debajo de nadie, debemos ir siempre *al lado* de las otras personas.

No necesitamos impresionar a nadie, ¡mucho menos al maltratador! Si queremos agradarle o impresionarlo significa que hemos caído en sus redes. Si necesitamos que el otro «siempre nos responda bien» entramos en una esclavitud emocional que el maltratador «huele» y utiliza a su favor. Nadie necesita la compañía de un maltratador. De él no se puede esperar nada. Por eso no hay por qué agradarle, convencerlo de nada, intentar que cambie ni impresionarlo.

Fue un hombre al zapatero y le dijo:
—Quiero que me haga zapatos a medida.
—¿Con la punta redonda o afilada? —preguntó el zapatero.
—No sé —respondió el hombre.
—Bueno, venga en un par de días.
Dos días después volvió el hombre a la zapatería.
—¿Están listos los zapatos?
—¿Usted quiere la punta redonda o afilada? —volvió a preguntar el zapatero.
—La verdad es que no lo sé —respondió el hombre.
—Bueno, venga en tres días.
Tres días después, el hombre volvió a la zapatería a buscar sus zapatos.
—Aquí tiene —dijo el zapatero. Y le entregó un zapato puntiagudo y el otro con punta redonda.

Moraleja: **Si eres incapaz de tomar decisiones en tu vida, otros las tomarán por ti.**
Hoy tienes que ser libre, no importa cómo te defina la gente.

TÉCNICA 1
RESPONDER CON FRASES DE CIERRE

Son frases cortas, concretas, potentes y directas, tienen que estar acompañadas del lenguaje no verbal (mirar a los ojos con expresión seria, hablar con voz firme).

Mi preferida:

«Muchas gracias, lo voy a tener en cuenta», para usar especialmente con desconocidos, o con quienes no nos interesa en lo más mínimo continuar una relación.

Otras frases de cierre:
- Lamento que digas eso.
- Perdón, el sitio es mío.
- Yo estaba antes, gracias.
- Por favor, no hagas comentarios de ese tipo.
- Gracias por preocuparte por mí, pero yo me organizo los horarios.
- Con esa broma no vamos a arreglar nada.

Debemos repetir estas frases una y otra vez. Cada una de ellas es una expresión directa, clara y concreta, una manera de expresar lo que queremos y/o nuestro desacuerdo. Este tipo de frases cierran un juego que no queremos jugar.

Muchas personas son agresivas-explosivas, otras son agresivas-pasivas. Las personas agresivas-pasivas se tragan en silencio todas las broncas «por no saber qué hacer, cómo responder». Estas frases son una manera de poner la otra mejilla... lejos.

Ser breve es decir mucho en pocas palabras. Cuanto más breve sea el mensaje, más preparado tiene que estar. Por ejemplo:

- Me gustaría ayudarte, pero esa tarea no me corresponde a mí.
- Lo siento, a las cinco tengo que irme.
- Hoy no puedo, lo siento mucho.
- Es muy largo de explicar.
- Ahora entiendo cómo piensas.

- Lo que dices es muy interesante, reflexionaré sobre el tema.
- Gracias por dejarme conocer tu opinión.
- Tengo otras prioridades en este momento.

¿Por qué nos cuesta decir «NO»?

Por miedo al rechazo, a que el otro se enoje, o porque no estamos acostumbrados a decir «no». También porque queremos evitar conflictos, etcétera.

A continuación te ofrezco algunas frases para empezar con un NO (siempre con serenidad y firmeza, mirando a los ojos):

- No voy a contestar a eso.
- No me interesa. Gracias.
- No estoy de acuerdo, me considero inteligente.
- No quiero hablar de eso.
- No puedo, gracias.
- No, paso.
- No, no voy a colaborar.
- No, gracias.
- Basta.
- No me hables así: no me gusta, basta.
- No. Yo no soy el más indicado para hacer bien esta tarea.
- No tengo tiempo.
- No, gracias, ya tengo otros compromisos.

El tiempo lo es todo. Una de las mejores técnicas para resolver problemas es aplazar la decisión hasta que todas las partes se hayan calmado y sean capaces de controlarse. Siempre que sea posible, tenemos que posponer las conversaciones de confrontación hasta que podamos comprender todas las circunstancias y la persona hostil haya tenido tiempo de calmarse y reflexionar sobre su posición.

Algunas frases para posponer una respuesta:
- Voy a pensarlo...
- Te contesto más tarde. Déjame pensarlo.
- Me gustaría pensarlo.
- Más tarde te diré cuál es mi decisión.
- Parece interesante, deja que lo piense.
- ¿Lo dejamos para más adelante? Estamos muy nerviosos...
- Ahora no. Lo discutimos más tarde.

TÉCNICA 2
RESPONDER COMO UN DISCO RAYADO

Consiste en repetir una y otra vez lo mismo, hasta la saciedad.

La asertividad es buena, poder hablar con firmeza y sostener nuestros deseos, derechos, necesidades, etcétera, aunque algunas veces podemos repetir una buena frase de cierre para terminar con el asunto. Recordemos que el agresor verbal se caracteriza por generar el debate, la pelea, la discusión.

Recientemente vi un reportaje en televisión donde un periodista le hacía preguntas tendenciosas a una persona. Este hombre le respondía: «No me interesa responder.» Pero el reportero continuó haciendo comentarios de todo tipo y directos para provocarlo. Al cuarto ataque, logró que la víctima respondiese y entrase en su juego.

Mantenerse en la frase no es fácil, pero es clave para no morder el anzuelo.

TÉCNICA 3
CONSERVAR EL SENTIDO DEL HUMOR

Reírme y exagerar es una manera de decir: «No le doy importancia a tus palabras.»

Es RECORDAR y EXAGERAR hechos. La clave es conocerse a sí mismo y aceptarse. ¡No alcanza con conocerse!

Por ejemplo:

—¡Siempre cometes el mismo error!
—Sí, tres veces por día es mi estadística, pero por la noche, ¡duplico!

—¿Eres tonto?
—¡Afortunadamente te has dado cuenta! ¡Ya sabía yo que eras muy inteligente! Y los fines de semana, más todavía.

—¡Con esa cara, nadie te querrá!
—¡Qué buena broma! ¡Es muy buena!

—¡Gordo lleno de grasa!
—Sí, ¡pero es importada!

—¡Vaya nariz que tienes! ¡Parece un sacacorchos!
—No solo saca corchos, también saca las tapas de las gaseosas.

—¡Ayer te equivocaste diez veces! ¡No volveré a permitir diez errores!
—¡Me equivoqué cuarenta y nueve veces! Las conté. ¡Y voy a tratar de superarme, porque voy por más!

El humor hace relativizar la realidad. Es de gran utilidad para desmontar multitud de comentarios, aun para minimizar nuestros propios conflictos.

> **Bienaventurados los que pueden reírse de sí mismos, porque nunca les faltará motivo de diversión.**
>
> **Anónimo**

¡Dar al problema un toque de humor nos hace bien! Imaginarnos que nuestra ansiedad es un «monstruo verde de mirada fea» nos puede ayudar a ver que no todo es «terrible». Nos ayuda a reírnos de nosotros mismos, a superar el miedo al ridículo y a aceptar nuestros puntos débiles.

En una ocasión, un empleado le dijo a un compañero:

—Me gustaría que me dieras tu opinión sobre mi trabajo.

—¡Peor no lo podías haber hecho!

—Sí, contaba con una gran descalificación, pero aun así, quería conocer tu opinión.

TÉCNICA 4
IGNORAR

Ignorar significa «hacer oídos sordos». Podemos usar esta técnica solamente si de verdad no nos afecta «hacer oídos sordos». ¡No sirve quedarnos con la rabia guardada y enfermar!

Cuando no hay nada que negociar, ni nos interesa mantener un vínculo con la otra persona, lo mejor es pasar por alto el ataque, hacer ver que no dijo nada o que nosotros no oímos nada.

¿Recuerdan la serie *El superagente 86*? Bajaba la campana de cristal, el cono del silencio. Imaginemos que las palabras malintencionadas rebotan en una campana que nos protege: nos dicen algo, que rebota, porque nos da lo mismo.

A veces es necesario llegar a la confrontación, pero otras, ignorar es lo más adecuado.

Cuando una persona se burla de nosotros, podemos imaginar que se trata de un perro que está ladrando. Mientras dice cosas desagradables, nosotros imaginamos a un perro que dice: «Guau, guau, guau.»

Desviar el tema o cambiar de tema puede ser una buena forma de reaccionar. Por ejemplo:

—Tu informe es nefasto y erróneo, realmente no sé cómo te contrataron en esta empresa. Tenemos que enviar el trabajo y esto es un desastre...

—Enviaré el trabajo mañana a primera hora. Ah, llamó Pérez que quiere...

TÉCNICA 5
DECIR LO QUE SIENTO

Paulette Dale decía: «En la vida uno no tiene lo que merece sino lo que pide.»

Muchas veces no expresamos nuestros deseos y esperamos que el otro adivine.

Es necesario pedir, decir lo que queremos en términos claros y directos.

Por ejemplo:

- No me hables así que no me gusta.
- Me pone mal que me trates así. Pienso...

El silencio es aprobación. Al decir qué esperamos dejamos de lado lo implícito para ser explícitos.

Tienes que decir qué te molesta y qué no. Puedes empezar diciendo:

- Yo quiero...
- Yo deseo...
- Yo considero...

TÉCNICA 6
PREGUNTAR, NO AFIRMAR

Esta técnica consiste en pedir una explicación más amplia, siempre en forma de pregunta. Queremos saber más sobre lo que sucede, que nos den más datos al respecto. De ese modo hacemos que el otro amplíe sus ideas. También sirve para que el otro desarrolle su argumento y pierda poder y fuerza.

En síntesis: no reaccionar sino investigar.

Si te dicen:
—Siempre llegas tarde y las cosas siempre te salen mal.
Puedes responder:
—A ver, ¿qué quieres decir con eso?
—A ver, cuéntame más.
—No sé si te entendí bien, explícate.

—Eres un inútil.
—A ver, explícame un poco más.

—Eres muy rígido.
—¿Qué quieres decir?

Otras respuestas posibles:

—¿Cuál crees que sería la solución?
—¿Cómo lo harías tú en mi lugar?

Profundizando un poco, encontraremos la «pregunta asertiva». Consiste en seguir el método socrático: hacer preguntas al adversario cada vez más específicas sobre lo que ha dicho, usando sus propias palabras, con habilidad, hasta descubrir la verdad o demostrar su error. De esta manera, el argumento va perdiendo peso.

> Para seducir a alguien, pregúntenle y escuchen su opinión.
>
> Malcolm Forbes

Por ejemplo:
- ¿Qué cosas te molestan de mí y hacen que no te guste?
- ¿Qué defecto le encuentras a mi forma de vestir?
- ¿Qué te molesta de mi forma de hablar?
- ¿Me lo preguntas porque realmente quieres saberlo o ya lo sabes y quieres hacerme reflexionar?

TÉCNICA 7
RESPONDER CON IRONÍA ASERTIVA

Ironía asertiva es «devolver la pelota», sin entrar en el juego y dando por zanjado el tema.

—¡Eres un prepotente!
—¡Gracias!

—Ah, ¡eres más bajita de lo que pensaba!
—Sí, soy bajita. ¿Y qué?

Otras respuestas posibles:
—Tienes razón, ¿estás mejor ahora?
—Puede ser que tengas razón...

TÉCNICA 8
SER AMBIGUO

Consiste en moverse entre dos argumentos: decir algo como, «sí pero no».

- Tal vez sí, o no...
- Puede ser..., o no...

En Teología tenía un profesor al que los alumnos atacaban sin piedad. El hombre siempre les decía: «Puede ser...», o «Es interesante esa teoría...» Era una persona de convicciones muy claras y firmes. Cuando veía que un alumno no preguntaba con la intención de aprender o para pensar juntos, sino que preguntaba para atacar, él sencillamente decía: «A favor de esa teoría... y en contra... Así que, ¡quién sabe!»

TÉCNICA 9
AHORA NO PUEDO...,
MÁS ADELANTE...:

Es una variante de la técnica anterior, que deja la puerta abierta. Es buena para usar con empresarios o personas con una posición especial, líderes o personajes con autoridad, o con una actitud omnipotente. Consiste en decir: «No puedo en este momento, pero me ocuparé más adelante.»

Es bueno no cerrar mal ninguna puerta, porque tal vez necesitemos acceder a ella más adelante.

TÉCNICA 10
HACER DE ESPEJO:
A MÍ TAMBIEN ME MOLESTA

Es actuar con la misma firmeza que el otro. Esta técnica es buena para aquellas personas muy sensibles que nos quieren transmitir culpa.

—¡Estoy agotado!
—No. Soy yo el agotado.

—Me siento despreciado.
—No. Soy yo el que se siente despreciado por ti.

—No me gusta que me grites. (Te quieren manipular.)
—A mí tampoco que me plantees mal este tema.

—Me dolió que no me saludaras.
—Y a mí me dolió que no entendieras que no te vi.

TÉCNICA 11
ABURRIR

¿Has visto alguna película aburrida? ¿Cómo te sentiste? En esos casos solemos dormirnos, bostezar, queremos volver a casa y ¡el tiempo parece eterno! Pero ¿qué pasa cuando nos divertimos? ¡El tiempo pasa volando!

Esta técnica consiste en ser aburrido, pesado, soporífero. Hablar en tono bajo, lento y dar mil explicaciones innecesarias. Así la mente del maltratador verbal se distrae y logramos despistarlo.

Si nos dice:

—¡Cada vez que hablas se te escapa alguna tontería!

Podemos responder de esta manera:

—Todo empezó... o, en realidad yo empecé, con mi tía. Vivíamos en Dolores... Fue el verano que me mudé. Ella iba con su perro... ¡Ah, qué hermoso perro! En fin, cuando ella se acercaba con su perro...

TÉCNICA 12
DESARMAR AL OTRO

Consiste en darle la razón al maltratador con el objetivo de desarmarlo. Eso lo desactiva, lo detiene. Sirve cuando el otro está muy enojado y cuando hay riesgo de violencia física.* También ante un quejica.

Por ejemplo:

—Pero ¿adónde vas? Deberías estar en tu casa durmiendo.

—Tienes razón. Te pido disculpas.

—Hiciste muy mal trabajo.

—Tienes razón. Perdón.

---

* Sam Horn trata este tema en su libro *Poder verbal*.

TÉCNICA 13
HACERLO REFLEXIONAR
Y EMPATIZAR CONTIGO

Se trata de invitar a la reflexión a personas con las que sí nos interesa mantener un vínculo, que han perdido el control. Consiste en hacer que se ponga en la piel del otro, que empatice con el otro. Es decir, entender por qué el otro siente o piensa así y cómo se sentiría si fuera agredido. Es la técnica que muchas madres usan con los hijos cuando se pelean entre ellos:

«¿Cómo piensas que te sentirías si yo te dijese eso? ¿Si te pasase a ti?»

TÉCNICA 14
USAR MONOSÍLABOS

La respuesta se limita a un: «Ajá» o «Hummm», que sirve de cierre.

TÉCNICA 15
DECIR ALGO INCOHERENTE

Nuestra mente siempre buscará una respuesta lógica a lo que vemos o percibimos. Por ejemplo, si una persona no nos saluda, podemos pensar: «Seguramente no me vio» o «Quizás esté enojado conmigo, por eso no me saluda».

A partir de la premisa de que nuestra mente busca coherencia en lo que decimos, ante una frase incoherente, la mente queda trastocada.

Por ejemplo, podemos responder con frases como: «Tanto va el cántaro a la fuente que...»

TÉCNICA 16
ESCENIFICAR LA RABIA

Consiste en hacer una puesta en escena: enojarse, molestarse, etcétera. Por supuesto, hay que hacerlo de tal modo que parezca una reacción auténtica.

TÉCNICA 17
RECURRIR A UNA CITA

Para desorientar al maltratador, puede ser útil citar un proverbio, una frase famosa, etcétera.
Por ejemplo:
«Todos los caminos conducen a Roma...»

TÉCNICA 18
HABLAR EN TONO BAJO Y DESPACIO

Ante una persona que grita es la mejor técnica. Consiste en pedirle que «hable más despacio», dado que es difícil hacerlo y seguir enojado. O hacerle preguntas, en voz baja y con lentitud, para activar la capacidad de escucha del otro.

Nunca es útil decir: «¡Baja la voz!», «Cálmate» ni «¡Habla más bajo!»

Tenemos que pedir: «Habla más despacio, para que te entienda...»

TÉCNICA 19
PONERLO POR ESCRITO

Esta técnica se usa con el pasivo-agresivo, que te dice una cosa pero luego te pasa factura. Tenemos que sacar una agenda y decir: «Lo voy anotar, para no olvidarme...»

Cuando tratamos con este tipo de personas es necesario:

- Dejar por escrito nuestra opinión del asunto en un documento al que podemos recurrir.
- Ir siempre a la fuente.
- Ofrecer constantemente información lo más exacta posible.
- Dar rápidamente las noticias (antes de que circulen), y tratar de que lleguen a todo el mundo.

TÉCNICA 20
¿Y?

La acusación se puede desdramatizar tan solo con un «¿Y?»

—¡Tu estómago parece un tanque de cerveza!
—¿Y?

—¡Tienes una nariz de águila!
—¿Y?

—Esos colores no combinan. ¡Te equivocaste!
—¿Y?

TÉCNICA 21
EXAGERAR HASTA EL RIDÍCULO

¡Exagerar al máximo! Esta es la técnica por excelencia ante los chismes o la queja.

Por ejemplo:

—¿Qué opinas sobre mi trabajo?
—Peor no podrías haberlo hecho.
—Sé que tu opinión de mi trabajo no es buena, pero prefiero oírla.

TÉCNICA 22
PERRO O GATO

El perro viene siempre, el gato no: él elige.

Cuando pelean, el perro ladra mientras el gato se arquea y defiende su territorio.

El perro tiene más fuerza física, pero el gato es más perseverante.

BIBLIOGRAFÍA

AGAR-HUNTTON, Robert, *How to Deal with Verbal Aggression*, Protectics Limited, Minsterworth, Gloucestershire, Reino Unido, 2003.

AILES, Roger y KRAUSHAR, Jon, *Tú eres el mensaje*, Paidós, Barcelona, 1993.

ALBERTI, Robert y EMMONS, Michael, *Con todo tu derecho*, Obelisco, Barcelona, 2006.

ALLEN, Frank, *Great Insults and Comebacks*, New Holland, Chastwood, Australia, 2008.

AXELROD, Alan y HOLTJE, James, *201 Ways to Deal with Difficult People*, McGraw-Hill, Nueva York, 1997.

BACH, Eva y FORÉS, Ana, *La asertividad para gente extraordinaria*, Plataforma, Barcelona, 2008.

BELL, Arthur H., *You Can't Talk to Me That Way!*, Career Press, Pompton Plains, Nueva Jersey, 2005.

BELL, John, *How to Deal with Difficult and Aggressive People*, Pelican Publications, Gretna, Los Ángeles, 2004.

BENUN, Ilise, *Stop Pushing Me Around! A Workplace Guide*

for the Timid, Shy and Less Assertive, Career Press, Pompton Plains, Nueva Jersey, 2006.

BING, Stanley, *¿Su jefe está loco?*, Robin Book, Teià, 2007.

BRAMSON, Robert, *Coping with Difficult People*, Simon and Schuster, Nueva York, 1992.

—, *Coping with Difficult People: The Proven-Effective Battle Plan That Has Helped Millions Deal with the Troublemakers in Their Lives at Home and at Work*, Dell, Nueva York, 1986.

BRENES PEÑA, Ester, *Descortesía verbal y tertulia televisiva*, Peter Lang, Berna, 2011.

BRINKMAN, Rick, *Dealing with Difficult People: 24 Lessons for Bringing Out Best in Everyone*, McGraw-Hill Digital Professional Book Group, Nueva York, 2006.

BULLMORE, Jeremy, *Otro mal día en el trabajo*, Granica, Barcelona, 2003.

CAMACHO, Santiago, *Calumnia, que algo queda*, La Esfera de los Libros, Madrid, 2006.

CASTANYER MAYER-SPIESS, Olga *et al.*, *La víctima no es culpable: las estrategias de la violencia*, Desclée de Brouwer, Bilbao, 2009.

CASTRO, M. y SÁNCHEZ RÍOS, J., «Técnicas gerenciales efectivas para reducir el maltrato psicológico, los problemas, sus consecuencias y la violencia en el trabajo», *OIKOS*, año 13, n.º 27, Universidad Católica Silva Henríquez, Santiago de Chile, junio de 2009.

CAUNT, John, *Confía en ti*, Gedisa, Barcelona, 2001.

CAVA, Roberta, *Dealing with Difficult People*, Piatkus Books, Londres, 1990. [*Cómo tratar con personas difíciles*, Paidós Ibérica, Barcelona, 2008.]

CHAPMAN, Gary, *Los cinco lenguajes del amor*, Unilit, Miami, 1992.

COOPER, Margaret, *Decisions Decisions Decisions: Learn How to Become a Good Decision Maker*, PublishAmerica, Maryland, 2008.

COVEY, Stephen, M. R. y MERRILL, Rebecca R., *The Speed of Trust*, Free Press, Nueva York, 2005. [*La velocidad de la confianza*, Paidós, Buenos Aires, 2011.]

CREIGHTON, James, *Claves para pelearse sin romper la pareja*, Longseller, Buenos Aires, 2005.

DALE, Paulette, *¿Has dicho algo, Susana?*, Granica, Barcelona, 2001.

DIEHM, William J., *How to Get Along with Difficult People*, Baptist Sunday School Board, Nashville, 1992.

ELGIN, Suzette Haden, *The Gentle Art of Verbal Self Defense*, Dorset, Nueva York, 1980.

—, *More on the Gentle Art of Verbal Self-Defense*, Pearson, Nueva Jersey, 1991.

ELLIS, Albert y GRAD POWERS, Marcia, *El secreto para superar el abuso verbal: cómo salir de la confusión emocional y recuperar el control de su vida*, Obelisco, Barcelona, 2002.

EL-SHAMY, Susan, *Role Play Made Easy: 25 Structured Rehearsals for Managing Problem Situations and Dealing with Difficult People*, Pfeiffer, Hoboken, Nueva Jersey, 2005.

EVANS, Patricia, *Verbal Abuse: Survivors Speak Out on Relationship and Recovery*, Adams Media Corporation, Cincinnati, 1993.

FENSTERHEIN, Hebert y BAER, Jean, *No diga sí cuando quiera decir no*, Grijalbo, Barcelona, 1976.

FRANGOSO DE WEYAND, Edith, *Zona libre de ofensa*, Xulon Press, Maitland, Florida, 2008.

FRIEDMAN, Paul, *How to Deal with Difficult People*, SkillPath, Mission, Kansas, 1994.

GARBARINO, James *et al.*, *The Psycologically Battered Child*, Jossey Bass, San Francisco, 1986.

GARGIULO, Terrence L., y GRAHAM SCOTT, Gini, *In the Land of Difficult People: 24 Timeless Tales Reveal How to Tame Beasts at Work*, Amacom Books, Nueva York, 2008.

GEE, Jeef y GEE, Val, *The Winner´s Attitude: Change How You Deal with Difficult People and Get the Best Out of Any Situation*, McGraw-Hill, Nueva York, 2006.

GOETTSCHE, Bruce y GOETTSCHE, Rick, *Difficult People*, Xulon Press, Longwood, Florida, 2005.

GODWIN, Alan, *How to Solve Your People Problems: Dealing with Your Difficult Relationships*, Harvest House, Eugene, Oregón, 2011.

HAMPTON, Terry y HARPER, Ronnie, *99 maneras de ser más felices cada día*, San Pablo, Bogotá, 2010.

HAY, Julie, *Dealing with Difficult People: The Workbook*, Sherwood Publishing, Woodland Hills, California, 1998.

HILLMAN, James, *Tipos de poder,* Barcelona, Granica, 2000.

HIRIGOYEN, Marie France, *El acoso moral*, Paidós Ibérica, Barcelona, 2001.

HORN, Sam, *Poder verbal,* Open Project, Sevilla, 1999.

—, *Tongue Fu!: How to Deflect, Disarm, and Defuse Any Verbal Conflict,* St. Martin's Griffin, Nueva York, 1997.

HOUEL, Alan y GODEFROY, Christian, *How to Cope with Difficult People*, Sheldon Press, Londres, 1997. [*Cómo tratar con gente difícil*, Iberia, Barcelona, 1995.]

HUNT, June, *Verbal & Emotional Abuse-Victory over Verbal & Emotional Abuse*, Hope for the Heart, Dallas, Tejas, 2008.

KAY, Frances, *Dealing with Difficult People for Rookies*, Marshall Cavendish, Singapur, 2010.

KELLNER, Hedwig, *El arte de decir no*, Obelisco, Barcelona, 2005.

La Biblia, NVI.

La Biblia, versión Reina Valera, 1960.

LANGFORD-WOOD, Naomi y MANNERING, Karen, *Dealing with Difficult People*, Hodder, Londres, 2008.

LARKINS, Lisette, *Difficult People: A Gateway to Enlightenment*, Rainbow Ridge, Faber, Virginia, 2011.

LEIBLING, Mike, *How People Tick: A Guide to Over 50 Types of Difficult People and How to Handle Them*, Kogan Page, Londres, 2004.

LIEBERMAN, David J. *Haga las paces con todo el mundo*, Amat, Barcelona, 2002.

LILLEY, Roy, *Dealing with Difficult People*, Kogan Page, Londres, 2002. [*Cómo tratar con gente difícil*, Gedisa, Barcelona, 2002.]

LINKEMER, Bobbi, *How to Deal with Difficult People*, Amacom, Nueva York, 1987.

LITTAUER, Florence, *How To Get Along with Difficult People*, Harvest House, Eugene, Oregón, 1984.

LUCAS, Robert W., *People Strategies for Trainers: 176 Tips and Techniques for Dealing with Difficult Classroom Situations*, Amacom, Nueva York, 2005.

LUNDIN, William, LUNDIN, Kathleen y DOBSON, Michael S., *Working with Difficult People* (CD), Brilliance Audio, Grand Haven, Michigan, 2008.

MASON-DRAFFEN, Carrie, *151 Quick Ideas to Deal with Difficult People*, Career Press, Pompton Plains, Nueva Jersey, 2007.

MINSHULL, Ruth, *Cómo escoger a su gente*, Publicaciones Dianéticas, México D.F., 1981.

MORENO GONZÁLEZ, Antonio y SOLER VILLALOBOS, María Paz, *La convivencia en las aulas: problemas y so-*

luciones, Editorial Ministerio de Educación y Ciencia, Madrid, 2006.

MURPHY, Peter W., *How to Control Any Conversation. Simple Ways to Deal with Difficult People and Awkward Situations*, Kindle Editions, 2011.

NELSON, Noelle, *Relaciones peligrosas*, Javier Vergara, Barcelona, 2002.

NORCROSS, John C. y otros, *Authoritative Guide To Self-Help Resources In Mental Health*, Guilford, Nueva York, 2003.

OÑATE, Araceli y PIÑUEL, Iñaki, *Acoso y violencia escolar en España: Informe Cisneros X*, Instituto de Innovación Educativa y Desarrollo Directivo, Madrid, 2007.

OXMAN, Murray, *The How to Easily Handle Difficult People Handbook*, Success Without Stress, Morro Bay, California, 2006.

PEURIFOY, Reneau, *Venza sus temores*, Robinbook, Teià, 2007.

PHELPS, Stanlee y AUSTIN, Nancy K., *La mujer asertiva sabe lo que quiere*, Obelisco, Barcelona, 2008.

PHUN, Laurie, *Instant Persuasion*, Penguin, Londres, 2006.

PINCUS, Marilyn, *Managing Difficult People: A Survival Guide for Handling Any Employee*, Adams Media, Massachusetts, 2008.

PIÑUEL, Iñaki, *Mobbing, estado de la cuestión*, Gestión 2000, Barcelona, 2008.

RISO, Walter, *Deshojando margaritas. Acerca del amor convencional y otras malas costumbres*, Norma, Bogotá, 2000.

—, *Los límites del amor*, Norma, Bogotá, 2006.

ROBERTS, Wess, *Tiranos, víctimas e indiferentes*, Urano, Barcelona, 2003.

ROCA, Elia, *Cómo mejorar tus habilidades sociales*, ACDE Ediciones, Valencia, 2003.

RODRÍGUEZ, Nora, *Stop Bullying*, RBA, Barcelona, 2006.

ROSSI, Carmen L., *Ajedrez vital: reflexiones sobre la vida*, AuthorHouse, Bloomington, Indiana, 2006.

ROZINES ROY, Jennifer, *Difficult People: Dealing With Almost Anyone*, Enslow Publishers, Berkeley Heights, Nueva Jersey, 2011.

RUBIO LARA, Pedro Ángel, *Victimología forense y derecho penal*, Tirant Lo Blanch, Valencia, 2010.

RUIZ-JARABO, Consuelo y otros, *La violencia contra las mujeres: prevención y detección*, Ediciones Díaz de Santos, Madrid, 2004.

SALGADO, Camila, *El desafío de construir una relación de pareja. Una decisión diaria, un cambio permanente*, Norma, Bogotá, 2003.

ORTEGA SALINAS, Enrique, *Cómo lograr que los demás se salgan con la nuestra*, Gráfica Sur, Buenos Aires, 2004.

SEIB, Carmen, *Cómo afrontar y superar los chismes*, Editorial Paulinas, Barcelona, 2001.

SOLER, Jaume y CONANGLA, M. Mercè, *Juntos pero no atados: de la familia obligada a la familia escogida*, Amat, Barcelona, 2005.

SPEAKMAN, James y HOGAN, Kevin, *Psychological Tactics and Tricks to Win the Game*, John Wiley & Sons, Hoboken, Nueva Jersey, 2006.

STALLINGS, Jim, *Difficult People*, Create Space, Charleston, Carolina del Sur, 2009.

STAMATEAS, Alejandra, *Culpable por ser mujer*, Planeta, Barcelona, 2008.

TALMUD, Vaikrá Rabá 33.

TAVERNIERS, Karin, «Abuso emocional en parejas heterosexuales», en *Revista Argentina de Sexualidad Humana*, 15(1), Buenos Aires, 2001.

THOMPSON, George J. *et al.*, *Verbal Judo: The Gentle Art of Persuasion*, Harper, Nueva York, 1983.

VALENCIA, Jota Mario, *Insúltame si puedes*, Planeta, Barcelona, 2012.

WEIDNER, Jens, *No te cortes: la agresividad positiva en el trabajo*, Gestión 2000, Barcelona, 2007.

WITHFIELD, John, *La gente hablará*, Norma, Buenos Aires, 2012.

WIEMANN, Mary O., *Te amo/te odio. Armonizar las relaciones personales*, Aresta, Bellcaire d'Empordà, Girona, 2009.

WIERSBE, Warren W., *Seamos sabios*, Portavoz, Grand Rapids, Michigan, 2002.

WILLI, Jürg, *La pareja humana. Relación y conflicto*, Morata, Madrid, 2002.

WRIGHT, Norman, *Libérese del temor. Un proceso para reclamar su vida*, Caribe Betania, Nashville, 2005.

ZELCER, Beatriz, *Las formas del abuso*, Lugar, Buenos Aires, 2011.

http://www.marietan.com/material_psicopatia/entrevista_mirol_2010.html

http://www.vivepiensa.blogspot.com.ar/2011/08/el-senor-que-se-creia-critico-de-arte.html

http://www.dailyintheword.org/todays_devotion?page=849

http://www.obrerofiel.com/ilustracion-autoestopista-nuestro-pan-diario

http://www.ciudadseva.com/textos/cuentos/ale/hesse/fabula.htm

http://www.elcolaborador.com/ilustraciones.htm

http://www.bible.org/illustration/famous-violinist

http://www.doslourdes.net/viento_y_el_sol.htm

http://www.inteligencia-emocional.org/como-tratar-personas-dificiles-/como_reacciona_usted.htm

http://www.anecdonet.com/modules.php?name=News&
file-article&sid-266

http://www.laureanobenitez.com/cuentos_con_valores.
htm

http://www.taringa.net/posts/info/15773889/El-circulo-
del-odio.html

http://www.ted.com/talks/lang/es/pamela_meyer_how_
to_spot_a_liar.html

http://www.colegiosfsales.com.ar/descargas/explo/Pre-
Exploradores_Cuentos.pdf

http://www.kaaj.com/psych/

http://www.morim-madrichim.org

OTROS TÍTULOS DE LA COLECCIÓN

Gente tóxica

BERNARDO STAMATEAS

En nuestra vida cotidiana no podemos evitar encontrarnos con personas problemáticas. Jefes autoritarios y descalificadores, vecinos quejosos, compañeros de trabajo o estudio envidiosos, parientes que siempre nos echan la culpa de todo, hombres y mujeres arrogantes, irascibles o mentirosos... Todas estas personas «tóxicas» nos producen malestar, pero algunas pueden arruinarnos la vida, destruir nuestros sueños o alejarnos de nuestras metas.

¿Cómo reconocer a la gente «tóxica»? ¿Cómo protegernos y ponerles límites? Bernardo Stamateas responde a estas preguntas con claridad y convicción. Sus consejos nos ayudarán a hacer nuestras relaciones personales más saludables y positivas. En definitiva, nos ayudarán a ser mucho más felices.

Emociones tóxicas

BERNARDO STAMATEAS

«Nuestras emociones están allí para ser sentidas, pero no para dominar nuestra vida, porque, de hacerlo, se volverán tóxicas.

Sanar nuestras emociones implica prepararnos para liberarnos de las emociones negativas y tóxicas que, en definitiva, no nos ayudan a encontrar una solución.

La propuesta de este libro es otorgarle a cada emoción el verdadero significado que tiene. Las emociones no pueden ser controladas desde fuera sino que deben serlo desde dentro de nuestra vida. Vivir significa conocerse, y ese conocimiento es el que nos permite relacionarnos con el otro y con nosotros mismos.

Emociones tóxicas te ayudará a descubrir herramientas para salir de la frustración, el enfado, el apego, la culpa, el rechazo, y alcanzarás, así, la paz interior que anhelas.»